Schulfrust

Viviane Cismak

SCHULFRUST

10 Dinge, die ich an der Schule hasse

SCHWARZKOPF & SCHWARZKOPF

INHALT

VORWORT

Wer ich bin und
was dieses Buch will

Ich heiße Viviane Cismak, bin 19 Jahre alt, Abiturientin und verdammt wütend. Warum? Weil ich die meiste Zeit meines Lebens mit eigentlich inakzeptablen Zuständen zurechtkommen musste: Ich habe Willkür miterlebt, mir sind Ungerechtigkeiten widerfahren, ich wurde systematisch demotiviert und die Leute, die mir eigentlich helfen sollten, waren oft inkompetent und ihren Aufgaben nicht gewachsen. Und das musste ich Tag für Tag erdulden, 13 Jahre lang, denn 13 Jahre lang war ich Schülerin.

Als ich 1998 in die 1. Klasse kam, war noch alles in Ordnung: Ich freute mich auf den Unterricht, war glücklich, endlich etwas lernen zu dürfen, wollte rechnen, schreiben, lesen. Damals hatte ich bereits ein Jahr Vorschule hinter mir. Meine Mutter hatte es nämlich geschafft, dass ich in eine Schule mit Vorklasse gekommen war – das war damals kein leichtes Unterfangen gewesen, denn die Schule befand sich in einem völlig anderen Bezirk als unsere Wohnung. Mit der damaligen Direktorin, die gleichzeitig meine Klassenlehrerin war, gab es von Anfang an Probleme. Diese häuften sich, je länger ich die Grundschule besuchte: Unter anderem kam sie ständig zehn Minuten zu spät zum Unterricht, zehn Minuten, in denen wir kleinen Kinder uns selbst überlassen waren. Als meine Mutter dieses Verhalten kritisierte, wurde ihr nahegelegt, eine andere Schule für mich zu suchen.

Und das tat sie. Sie meldete mich – nicht ganz ohne Bedenken – an einer anderen Grundschule an, die zwar deutlich näher an unserer Wohnung lag, aber einen miserablen Ruf hatte. Aber irgendeine Bildungsinstitution musste ich ja besuchen! Es stellte sich heraus, dass es dort gar nicht so schlecht war, wie man sich erzählte. Ich bekam einen netten Lehrer und freundete mich schnell mit einigen Mädchen an – auch wenn diese andere Kinder ärgerten, zu Schlägereien anstifteten und den Schulhof dominierten. Mir ging es dort vergleichsweise gut.

Nach der 4. Klasse entschied ich mich für ein altsprachliches Gymnasium, an dem mir zum ersten Mal die Probleme des Schulsystems und die Konsequenzen undurchdachter Bildungspolitik bewusst werden sollten: Hier wurden zum Beispiel fachfremde Kräfte als Vertretungslehrer eingestellt. Die Folge: Chaos. Und eine Viviane, die sich schrittweise von der Klassenbesten zur Problemschülerin entwickelte.

Kein Wunder, dass ich nach der 11. Klasse das Leben und Lernen in der hessischen Provinz satt hatte. Ich wollte hinaus in die Freiheit, endlich Großstadtluft schnuppern und weg vom Durcheinander in meiner alten Schule. So zog es mich nach Berlin: in meine erste eigene Wohnung und an ein Kreuzberger Gymnasium, an dem ich mein Abitur ablegen und Abenteuer erleben wollte. Und im wahrsten Sinne des Wortes fand ich, wonach ich gesucht hatte: An meiner neuen Schule ging es noch abenteuerlicher zu, als ich es für möglich gehalten hatte. An dem Gymnasium, das sich öffentlichkeitswirksam als »Schule ohne Rassismus« betitelte, konnte ich zum ersten Mal Sexismus und Antisemitismus auf dem Schulhof erleben. Ich stritt mich mit Lehrern, die ihren Aufgaben nicht nachkamen und solchen, die uns Schülern Steine in den Weg legten. Trotzdem absolvierte ich 2011 dort mein Abitur – mit einem Schnitt von 1,8.

Nach 13 Jahren kann ich also von mir behaupten, das deutsche Schulsystem mit all seinen Facetten durchlaufen zu haben: Ich habe einerseits die provinzielle, größtenteils von Akademikerkindern besuchte altsprachliche Schule in Hessen gesehen. Andererseits habe ich die harte Realität an einem Berliner Gymnasium kennengelernt, dessen Schülerschaft sich hauptsächlich aus finanziell schlecht gestellten Jugendlichen und solchen mit Migrationshintergrund zusammensetzt. Infolgedessen weiß ich nun sehr genau, wo die Schwachstellen des deutschen Bildungssystems liegen.

Und ich habe nicht länger vor, darüber zu schweigen. Anders als Eltern oder Lehrer haben Schüler oft kein Forum, um Kritik an den Missständen zu üben. Ihre Probleme laufen unter »das sind doch eh nur Kinder, die haben keine Ahnung«. Mit meinem Buch möchte ich dem ein Ende setzen. Ich möchte Schülern eine Stimme verleihen, denn sie sind die Hauptbetroffenen und Leidtragenden der Versäumnisse von Lehrern und Politik. Sie sind diejenigen, die angehört werden *müssen*, jedoch nie angehört werden. Es kann sein, dass ich mit diesem Buch einigen Leuten auf den Schlips trete. Aber damit sich etwas ändert, damit Deutschland ein Land von Dichtern und Denkern bleiben kann und der Schulverdruss ein Ende nimmt, muss jemand darüber sprechen, was schiefläuft. Natürlich ist dieses Buch völlig subjektiv, dies hier sind meine Erfahrungen – aber ich bin mir sicher, dass ich sie mit Tausenden, wenn nicht sogar Millionen Schülern aus ganz Deutschland teile.

Viviane Cismak
Berlin im Juli 2011

1. Kapitel

LEISTUNG LOHNT SICH NICHT

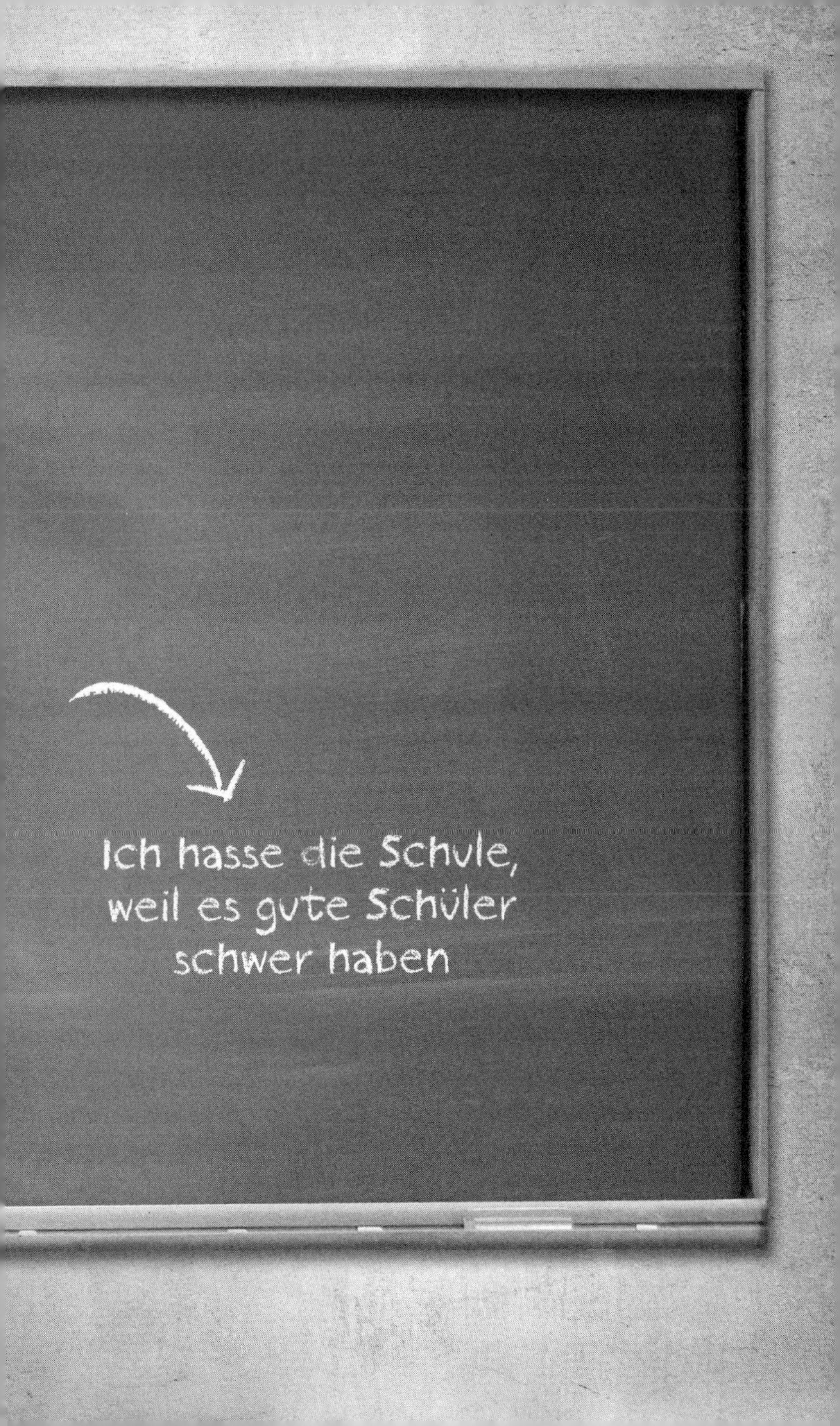
Ich hasse die Schule,
weil es gute Schüler
schwer haben

Verärgerung und Verwirrung bleiben zurück, wenn ich mich an meine Schulzeit erinnere – und die Erkenntnis, dass es sich nicht lohnt, ein guter Schüler zu sein. Der Weg, der zu dieser Einsicht führte, war lang. Doch an seinem Ende begriff auch ich, worum es in der Schule eigentlich geht: nämlich darum, wie man mit möglichst wenig Arbeit und Wissen die besten Ergebnisse erzielt, zum perfekten Schaumschläger wird, Leute täuscht und sich selbst in den Vordergrund stellt.

Als ich an meinem ersten Schultag im Jahre 1997 den Schulhof betrat, schwer bepackt mit meiner Regenbogenfisch-Schultüte, die fast genauso groß war wie ich, ahnte ich noch nichts von den vielen Ärgernissen, mit denen ich in den nächsten Jahren konfrontiert werden würde. Viel zu groß war meine Vorfreude. Endlich war ich ein Schulkind und gehörte mit zu den Großen. Ich fühlte mich schon fast erwachsen, wie ich da, zusammen mit all den anderen Schulanfängern, durch die große, schwere, grün gestrichene Tür der Grundschule schritt – in einem karierten Kleidchen und mit Sandalen, in denen ich weiße Söckchen trug. Am liebsten wäre ich sofort ins Klassenzimmer gestürmt und hätte damit begonnen, all die wichtigen Dinge zu lernen, die bis dahin einzig den älteren Kindern vorbehalten gewesen waren.

Doch nach einem Vorschuljahr und beinahe 13 weiteren Schuljahren war mein Ehrgeiz beinahe komplett verflogen, nur dunkel erinnerte ich mich noch an meine anfängliche Lust auf die Schule. Dem Tag, an dem endlich die Noten meines letzten Schulhalbjahres feststehen würden, fieberte ich entgegen – bis zum Abitur waren es nur noch 45 Tage.

Doch Frau Pöpper und Co. freuten sich augenscheinlich nicht mit mir: Nachdem weder meine Tutorin noch ein anderer Lehrer mein Antragsformular für die fünfte Abiturprüfung hatten finden können, sprach ich meine pädagogische Koordinatorin Frau Pöpper an unserem Tag der offenen Tür darauf an. Zu diesem Zeitpunkt hatte ich schon längst vergessen, dass ich auf die untere Ecke des Antrags ein Schweinchen gezeichnet und mich mit meiner besten Freundin ausgiebig darüber amüsiert hatte.

»Sind Sie Viviane Cismak?«, fragte mich Frau Pöpper. Ich nickte. »Ihr Formular habe ich einbehalten. Da war nämlich ein umgedrehtes Schwein drauf und in einer Sprechblase stand ›Oink, oink‹. Kommen Sie am Montag in der Pause zu mir und überlegen Sie sich bis dahin besser eine Erklärung.«

Ich zuckte mit den Schultern, ich konnte nicht ganz verstehen, warum um ein kleines Schweinchen solch großes Aufheben gemacht wurde. »Okay, dann überleg ich mir mal was«, sagte ich.

Und Frau Pöpper wendete sich wieder einem ziemlich verlassenen Stand zu, an dem jüngere Schüler selbst gebastelte Gegenstände verkauften.

Während des Wochenendes grübelte ich darüber, was ich Frau Pöpper sagen würde und kam zu dem Schluss, dass es wohl das Beste war, bei der Wahrheit zu bleiben. Meine Erklärung war deshalb ganz einfach: Da man diese Schule nicht ernst nehmen konnte, hatte niemand ahnen können, dass ein kleines Schweinchen in der unteren Ecke eines Formulars solch eine Aufmerksamkeit auf sich ziehen würde. Hatte die Schulleitung denn keine anderen Probleme?

Wirklich nichts war koordiniert oder organisiert: Beispielsweise hatte mir Frau Pöpper noch kein einziges Mal eine meiner Fragen zum Ablauf des Abiturs beantworten können. Im Politik-und-Wirtschaft-Leistungskurs hatte ich in anderthalb Jahren drei verschiedene Lehrer gehabt. Der Englischunterricht war fast ein Vierteljahr lang ausgefallen. Entschuldigungszettel und Atteste verschwanden für gewöhnlich haufenweise. Lehrer begründeten ungerechtfertigte Noten mit den Worten »So ist das Leben«. Fehlzeiten wurden konsequent falsch eingetragen.

Neue Lehrer erfuhren erst zwei Tage vor Exkursionen, dass diese überhaupt stattfinden sollten und dass sie verantwortlich für die Planung waren. Es fanden Lehrerwechsel nur drei Wochen vor einer Klausur statt und der Unterricht hier in Berlin wurde auf einem Niveau abgehalten, das in Hessen höchstens auf einer Hauptschule üblich war.

Kurzum: Es herrschten Willkür und Chaos an diesem Kreuzberger Gymnasium – und das in einem solchen Umfang, dass junge Lehrer uns Schülern dazu rieten, »die Schule nicht allzu ernst zu nehmen«, da man sonst schnell verrückt werden würde.

Und so stand ich also am Montag da, um meine durchdachte Erklärung abzugeben, doch Frau Pöpper erschien einfach nicht. Wie ich wenig später dem Vertretungsplan entnehmen konnte, fehlte sie. Vermutlich war sie krank. Am nächsten Tag, an dem sie nicht als fehlend aufgelistet war, versuchte ich es erneut. Und ich hatte Glück.

»Das mit dem Schwein kann ganz schön despektierlich rüberkommen. Ich möchte, dass Sie bis morgen eine Erklärung für Ihren betreuenden Lehrer schreiben«, meinte sie nur kurz, als sie in der Tür des Lehrerzimmers auftauchte. Nach der Begründung, die ich mir hatte überlegen sollen, fragte sie nicht.

»Und wer ist mein betreuender Lehrer?«, wollte ich wissen. Monate zuvor hatte sie noch lang und breit erklärt, dass sich jeder seinen Lehrer aussuchen sollte und dies auch auf keinen Fall zu spät oder unüberlegt. Doch nachdem alle Schüler einen passenden Lehrer angesprochen und mit ihm über den Ablauf der Prüfungen gesprochen hatten, hatten die Zuständigen das Prozedere kurzerhand noch einmal geändert. Die Lehrkräfte waren den Schülern nun noch einmal völlig neu und vor allem völlig willkürlich zugeteilt worden.

»Da muss ich erst einmal nachsehen«, antwortete Frau Pöpper, dann verschwand sie für einige Minuten im Lehrerzimmer.

»Frau Sandow«, sagte sie nur, als sie wieder im Türrahmen erschien.

»Aber die kenne ich doch gar nicht. Ich hatte noch nie bei ihr Unterricht.«

»Danach ist es aber nicht gegangen«, meinte Frau Pöpper mit einem genervten Unterton, obwohl ich es war, die allen Grund dazu gehabt hätte, genervt zu sein. Immerhin eilte Frau Sandow der Ruf voraus, der Prototyp einer inkompetenten Lehrerin zu sein. Außerdem war sie lange krank gewesen und arbeitete nun nur noch Teilzeit, wodurch sie fast nie in der Schule anzutreffen war. Doch jetzt war wohl nicht der richtige Zeitpunkt, dies mit Frau Pöpper zu besprechen.

»Ich hab noch mal eine Frage zu den Kursen, die man ins Abitur einbringen muss. Muss ich vier Semester Kunst einbringen, wenn ich kein weiteres künstlerisches Fach wie Musik belegt habe?«

Der Grund, weshalb ich nicht vier Halbjahre Kunst einbringen wollte, war ganz einfach: Im zweiten Halbjahr hatte ich nur 6 Punkte von meinem Kunstlehrer Herrn Huber bekommen, das entsprach einer 4+. Diese schlechte Note zog meinen Abiturdurchschnitt nach unten und so suchte ich nun nach einer Möglichkeit, sie nicht einbringen zu müssen.

Wer jetzt annimmt, ich wäre einfach schlecht in Kunst gewesen und hätte die Note daher verdient, liegt falsch. In Wahrheit hatte ich sie nur bekommen, weil Herr Huber es für lustig gehalten hatte, meine mündliche Mitarbeit mit 0 Punkten zu bewerten. Dem vorausgegangen war ein nerviger Stellungskrieg, den ich mir mit Herrn Huber geliefert hatte und den er – wie ich schmerzlich feststellen musste – irgendwann gewonnen hatte.

Alles hatte im ersten Halbjahr der 12. Klasse angefangen: »Wer hat die Hausaufgaben nicht gemacht?«, wollte Herr Huber wissen, als wir gerade im Unterricht über die Gestaltung von Werbeanzeigen sprachen.

»Was? Wir hatten was auf?« Yasin tat verwundert und der halbe Kurs stimmte in ihre Verwunderung ein. »Das haben Sie aber in der letzten Stunde nicht gesagt.«

Verwirrung zeichnete sich auf Herrn Hubers Gesicht ab. Er sagte: »Aber das hab ich doch klar und deutlich erklärt. Außerdem hattet ihr dafür die ganzen letzten Unterrichtsstunden Zeit. Da hättet ihr ja auch hier damit fertig werden können.« Obwohl er damit richtig lag, lenkte er ein. Dem Druck, den die Klasse auf ihn ausübte, war er nicht gewachsen. »Aber wenn jetzt noch niemand fertig ist, geb ich euch auch noch diese Stunde Zeit, das zu machen.«

Schmollend zog sich Herr Huber hinter den Lehrertisch zurück. Der ganze Kurs packte unterdessen die Hausaufgaben der anderen Fächer aus und machte sich an die Arbeit. Natürlich wurden die Skizzen für die Werbeanzeigen auch in dieser Stunde nicht fertig und so schindete der Kurs auch noch die nächste und übernächste Stunde zur Bearbeitung der Aufgabe heraus, die man eigentlich in zehn Minuten am heimischen Schreibtisch hätte lösen können.

Mir tat Herr Huber leid. Immer wenn er für seine zaghaften Versuche, im Kurs für Ruhe zu sorgen, ausgelacht wurde, bemühte ich mich, ihm durch meine Mitarbeit etwas Freude zu bereiten. Damit war ich so ziemlich die Einzige. Deswegen rechnete ich am Ende des Jahres auch mit einer 1. Doch damit lag ich falsch: Ich bekam nur eine 2 auf dem Zeugnis.

Das mag sich im ersten Moment ganz passabel anhören, war für mich jedoch verwunderlich – vor allem, als ich mitbekam, wie sich die Note zusammensetzte: Eine einzige kleine Hausaufgabe zählte genauso viel wie die mündliche Mitarbeit des ganzen Halbjahres, das zum größten Teil aus Theorie bestanden hatte.

Somit hatte es mich zwei Notenpunkte gekostet, dass ich eine Hausaufgabe nicht abgegeben hatte. Ich war stocksauer, immerhin wurden anderen Schülern für ihre unerledigten Aufgaben nicht gleich 0 Punkte eingetragen, die am Ende so stark ins Gewicht fielen.

»Sie können doch nicht eine einzige Hausaufgabe so wie die mündliche Mitarbeit eines ganzen Halbjahres gewichten«, versuchte ich Herrn Huber zur Vernunft zu bringen.

»Doch, kann ich«, sagte er und schien sich auch noch darüber zu amüsieren, endlich ein Mittel gefunden zu haben, sich an den Schülern zu rächen, die ihm das Leben schwer machten. Dass seine Rache die falsche Person traf, störte ihn offensichtlich nicht.

»Und was ist mit den Pluspunkten, die Sie mir eingetragen haben, als ich diesen einen Arbeitsauftrag vorgestellt habe?«

Die Werbeanzeige hatte im Endeffekt nämlich niemand außer mir fertiggestellt. So war allein ich es gewesen, die nach mehreren Stunden ein Ergebnis hatte vorweisen können und dafür hatte er im Kurshefter zwei Pluspunkte hinter meinem Namen notiert.

»Wie hätte ich die denn in den Taschenrechner eingeben sollen?«, fragte mich Herr Huber nun ernsthaft erstaunt.

»Soll das etwa heißen, dass Sie die Leistung gar nicht eingerechnet haben?« Ich wurde immer wütender.

»Wie hätte ich das denn bitte machen sollen?«, wiederholte er. Und außerdem will ich darüber jetzt auch gar nicht mit dir diskutieren.«

Damit war die Sache für ihn erledigt.

Für mich jedoch noch nicht. Zuerst beschwerte ich mich bei meiner Tutorin und Deutschlehrerin Frau Korha, die daraufhin das Gespräch mit Herrn Huber suchte. Jedoch ohne Erfolg, denn auch in ihrer Gegenwart hatte mein Kunstlehrer keine Lust, über die Note zu diskutieren und erklären wollte er sie schon mal gar nicht, hatte er das in seinen Augen doch schon zur Genüge getan. Also blieben meine Note und meine Wut bestehen.

Da sich meine mündliche Mitarbeit im ersten Halbjahr kaum auf meine Bewertung niedergeschlagen hatte, beteiligte ich mich im zweiten Halbjahr deutlich seltener am Unterrichtsgeschehen. Manchmal fehlte ich auch.

Dass ich am Ende dennoch eine der besten Klausuren schrieb, war schon allein deshalb erstaunlich, weil ich in den wenigen Stunden abwesend gewesen war, in denen wir über klausurrelevante Themen gesprochen hatten. Meine einzige Nacharbeitung hatte darin bestanden, am Morgen vor der Klausur fünf Minuten lang den Wikipedia-Artikel zur Architektur im Barock zu überfliegen. Doch scheinbar entsprach dies dem Inhalt von mehreren Stunden bei Herrn Huber.

Die Freude über meine gute Klausurnote hielt jedoch nicht lange an, denn kurz danach erfuhr ich, dass ich für das gesamte Halbjahr 0 Punkte für meine mündliche Mitarbeit bekommen sollte. Und das, obwohl ich während der Stunden, in denen ich da gewesen war, immer noch mehr mitgearbeitet hatte als alle anderen Schüler des Kurses zusammen. So weit, so ungut.

Nun, kurz vor meinen Abiturprüfungen, musste ich also Schadensbegrenzung betreiben. Ich versuchte, einen Weg zu finden, diese Noten nicht einzubringen. Doch Frau Pöpper enttäuschte mich: »Du musst auf jeden Fall vier Halbjahre von einem künstlerischen Fach einbringen«, sagte sie.

Das hatte ich schon fast befürchtet und so verabschiedete ich mich freundlich.

Am nächsten Tag schrieb ich in den ersten beiden Deutschstunden eine kleine Notiz für Frau Sandow: dass ich nicht geahnt hätte, dass ein kleines Glücksschweinchen eine solche Empörung hervorrufen würde, dass ich mich auf eine gute Zusammenarbeit freute und solch ein Blabla. Frau Pöpper war zufrieden.

Also begab sie sich ins Lehrerzimmer, um mein Formular zu holen und es mir endlich zu übergeben. Doch welch Wunder: Mein Zulassungsantrag war verschwunden und so kehrte sie mit leeren Händen zu mir zurück. Ich solle am nächsten Tag noch einmal wiederkommen, vielleicht sei das Formular bis dahin wieder aufgetaucht, meinte sie nur und ließ mich leicht verdutzt zurück.

Dass mein Schulalltag einmal daraus bestehen würde, mich mit den Lehrern zu streiten, Informationen nachzujagen und die Tage zu zählen, bis das ganze Affentheater endlich vorüber sein würde, hatte ich in meinen ersten Schuljahren nicht für möglich gehalten. So hatte ich bis zur 8. Klasse ernsthaft geglaubt, dass es sich lohnen würde, in der Schule aufmerksam, lieb und höflich zu sein. Das hatte sich inzwischen als völliger Unsinn herausgestellt.

Mein gutes Benehmen hatte mir nur Ärger eingebracht und war für mich zum Nachteil geworden – auch wenn ich bis heute nicht ganz verstehe, wie das passieren konnte und was so schlecht daran war, brav zu sein und den Lehrern Folge zu leisten. Aber wenn ich zurückblicke, gab es während meiner gesamten Schulzeit immer wieder Beweise dafür, dass sich Leistung und Anstand einfach nicht lohnen.

Es begann schon in der 2. Klasse, als ich eine Aufgabe in Mathematik schneller als viele andere aus meiner damaligen Klasse löste. Frau Fischer, meine Lehrerin, ging von Tisch zu Tisch und kontrollierte, wie weit wir gekommen waren.

»Die ist schon fertig!«, rief Felix und deutete auf mich.

»Das glaube ich nicht ganz«, erwiderte Frau Fischer und kam an meinen Platz. Sie warf einen Blick auf mein Rechenheft und stellte verblüfft fest, dass Felix recht gehabt hatte. »Dann machst du auch noch die nächste Aufgabe aus dem Buch – und zwar als Hausaufgabe«, fuhr sie mich an – als ob ich etwas getan hatte, für das ich eher eine Strafarbeit als ein Lob verdiente.

Als ich an diesem Tag nach Hause kam, war ich frustriert und weigerte mich standhaft, die zusätzliche Aufgabe zu bearbeiten. Zumal sie viel schwerer war als das, was wir bis dahin im Unterricht behandelt hatten. Meine Mutter dachte zunächst, dass ich mich einfach nur vor den Hausaufgaben drücken wollte. Doch zum Glück forschte sie nach. Und im Gespräch mit anderen Eltern bestätigte sich meine Version der Geschichte. Nur ich hatte diese Aufgabe bekommen.

Als ich ohne die erledigte Hausaufgabe im Unterricht auftauchte, hatte das keine Folgen. Meine Lehrerin sprach mich nicht mal darauf an. Die ganze Mühe wäre also umsonst gewesen, wenn ich nicht gestreikt hätte.

Einen weiteren Hinweis darauf, wie das System Schule funktioniert, erhielt ich in der 7. Klasse. In meinem Gymnasium in Hessen war Latein meine erste Fremdsprache und meine große Schwachstelle. Latein war ein Fach, in dem man lernen musste, um gut zu sein. Dafür hatte ich noch nie viel übrig gehabt. Ich war nicht einer dieser Schüler, die den ganzen Tag zu Hause saßen und büffelten, bloß, um nicht sitzen zu bleiben.

Mir fiel die Schule leicht und meine Hausaufgaben zu erledigen war für gewöhnlich das Einzige, was ich an Nachbereitung machte. Allein durch Hausaufgaben erschloss sich mir die lateinische Sprache jedoch nicht. Auch machte mir der Unterricht keinen Spaß. Mein Lehrer sprach zwar enthusiastisch vom alten Rom, doch gleichzeitig hielt er sich strikt an das Lehrbuch, sodass es den Lateinstunden an Abwechslung mangelte.

Stunde um Stunde übersetzten wir Texte, in denen es stets darum ging, wie der eine den anderen überfiel, ausraubte, schlug, besiegte und tötete. Der Gewinner wurde dann wiederum vom nächsten verhauen und/oder versklavt und schließlich niedergemetzelt. Das Vokabular in unserem Lehrbuch bestand also nur aus diesen Worten, weshalb wir nach drei Jahren Unterricht noch nicht einmal »Hallo, wie geht es dir?« in die lateinische Sprache übersetzen konnten. Auch aß im alten Rom anscheinend niemand und der Lebenslauf eines normalen

Mannes schien nur daraus zu bestehen, Feldherr zu werden, Truppen zusammenzuziehen, andere zu bekämpfen und Städte niederzubrennen. Das hatte zur Folge, dass der Unterricht frei von jeglichem Alltagsbezug war und ich mich nicht dazu zwingen konnte, mich der lateinischen Grammatik oder den Vokabeln zuzuwenden. Nach und nach wurden meine Leistungen schlechter, vor allem in den schriftlichen Arbeiten: Ich rutschte von einer 2 auf eine 3, dann auf eine 4 und schließlich auf eine 5 ab.

Nur mündlich konnte ich punkten. Meine Mutter war Stammkundin in einer Buchhandlung und ihr war es gelungen, die Lehrerausgabe meines Lateinbuches zu kaufen. Und so saß ich jeden Nachmittag zu Hause und übertrug die Übersetzungen der Texte und die Lösungen der Aufgaben in ein kleines Heftchen, das ich dann im Unterricht hervorzauberte. So überraschte ich meinen Lehrer immer wieder aufs Neue.

»Wie kommt es denn, dass du immer wieder Fünfen schreibst? Du kannst es doch im Unterricht«, fragte er mich eines Tages bei der Besprechung der mündlichen Noten.

Oh Gott, schoss es mir durch den Kopf, er ist misstrauisch geworden. Gespielt betreten blickte ich nach unten. »Das liegt an meiner Prüfungsangst«, antwortete ich leise. »Vor Arbeiten kann ich die ganze Nacht nicht schlafen und beim Übersetzen fällt mir dann nichts mehr ein.«

Ob er mir diese Komödie der verunsicherten Schülerin wohl abnehmen würde? Er tat es.

Doch meine Eltern konnte ich nicht so einfach für dumm verkaufen, meine Lateinnoten wurden ein immer beliebteres Thema am Mittagstisch. Meine Mutter machte sich Sorgen, dass ich wegen Latein sitzen bleiben würde. Nur mit viel Mühe konnte ich sie überzeugen, dass ich wegen meiner guten mündlichen Note nie eine 5 auf dem Zeugnis bekommen würde. Doch das beruhigte sie nur wenig.

So kam es, dass sie und mein Stiefvater, der nur gelegentlich zu Besuch kam, mir einen Deal anboten: »Für jede 3 bei einer Lateinarbeit bekommst du von mir 5 Euro«, versprach mir mein Stiefvater.

Für eine 13-Jährige war das viel Geld. Also willigte ich ein. Und nach einigen Monaten, in denen ich mich zum ersten Mal ernsthaft für die Lateinvokabeln interessiert hatte, war mein Portemonnaie gut gefüllt. So verbesserte ich mich im Laufe der Zeit wieder auf eine 3, bei der es blieb – denn ich musste es mit dem Lernen ja auch nicht übertreiben.

Irgendwann fiel mir auf, dass das Belohungssystem meiner Eltern alles andere als gerecht war: Für eine 1 in allen Fächern außer Latein bekam ich nämlich nur 2 Euro, für eine 3 musste ich sogar 50 Cent zurückzahlen. Kein Wunder, dass mir damals zum ersten Mal der Gedanke kam, dass es vielleicht lohnender wäre, erst einmal in allen Fächern richtig schlecht zu werden, um dann umso mehr Geld für eine Verbesserung herausschlagen zu können.

Und bei dem Gedanken blieb es nicht: Mit meinen Noten ging es von da an bergab – und das nicht nur aus wirtschaftlichen Gründen. Ich hatte einfach keine Lust mehr, mich weiterhin anzustrengen – denn das half ja eh nichts.

Und zu meiner Demotivation trug auch ein Erlebnis in der 8. Klasse bei: Ich hatte eine Abfolge von Auflockerungsübungen entwickelt, die man in der Schule oder im Büro durchführen konnte, um die Muskeln zu entspannen, und mich damit selbstständig bei »Jugend forscht« angemeldet. Jenen Tag, an dem ich meine Erkenntnisse einer fachkundigen Jury erörtern sollte, musste ich mir freinehmen.

»Was ist denn bitte ›Jugend forscht‹?«, wollte meine Klassenlehrerin wissen. Sie hatte anscheinend noch nie etwas von dem Wettbewerb gehört, für den an allen Schulen mit großen Plakaten geworben wurde.

»Das ist ein Wettbewerb für Schüler und Studenten, an dem ich teilgenommen habe«, erklärte ich.

»Okay, dann entschuldige ich dich für morgen«, sagte sie, ohne sich auch nur im Geringsten dafür zu interessieren, worum es genau bei »Jugend forscht« ging und mit welchem Projekt ich mich beworben hatte.

Am nächsten Tag belegte ich mit meinem Beitrag den zweiten Platz. Mein Informatiklehrer wies mich, als ich wieder in der Schule auftauchte, ganz nüchtern darauf hin, dass es ja bloß die Kategorie »Schüler experimentieren« war, in der ich mich so weit vorn platziert hatte. In dieser Kategorie durften alle Schüler bis 14 Jahre teilnehmen.

Zu dieser Zeit war ich Klassenbeste, störte nie den Unterricht und repräsentierte die Schule nicht nur bei »Jugend forscht«, sondern auch bei anderen außerschulischen Wettbewerben, über die man später in der Zeitung lesen konnte. Trotzdem bekam ich für mein Arbeitsverhalten auf dem Zeugnis stets nur eine 2, was mich ein wenig ärgerte. Erst ein Jahr später kam mir während einer Diskussion im Ethikunterricht die Erleuchtung, was ich an meinem Verhalten ändern musste, um endlich einmal gelobt zu werden.

»Ich denke, dass derjenige belohnt werden sollte, der sich verbessert hat, weil der andere ja sowieso ein Streber ist und immer nur lernt und keine Freunde hat«, fand Markus.

Einige lachten, der Rest der Klasse nickte zustimmend.

Ich meldete mich. »Ich sehe das etwas anders. Ich finde, dass man denjenigen, der immer Einsen schreibt, loben sollte, weil er sich ja schon die ganze Zeit anstrengt und nicht erst gechillt und dann gemerkt hat, dass er nicht mehr mitkommt. Außerdem sieht der mit der 3 dann auch, dass er gelobt werden würde, wenn er eine 1 schreiben würde. Und vielleicht wäre das für ihn ein Anreiz, sich zu verbessern.«

»Ich hatte mir fast gedacht, dass du so etwas sagen würdest«, antwortete die Lehrerin.

Dann klingelte es. Doch zum Glück hatte ich die Quintessenz der Diskussion bereits erkannt: Ich musste einfach schlechter und dann wieder besser werden, denn nur so würde ich Anerkennung erhalten und gefördert werden. Außerdem hatte ich im Unterricht wiederholt beobachtet, dass andere Schüler, die weder Hausaufgaben machten noch sich aktiv am Unterricht beteiligten, auch keine schlechtere mündliche Note bekamen. Wieso sollte *ich* mich also noch länger anstrengen, wenn *andere* es auch nicht taten und das keine Konsequenzen für sie hatte?

Meine Reaktion: Anstatt wie gewohnt erst einmal meine Hausaufgaben zu erledigen, schaute ich fortan Filme, wenn ich aus der Schule kam. Meine Arbeit für die Schule verschob ich auf den nächsten Morgen oder auf die Pausen zwischen den Unterrichtsstunden, manchmal machte ich sie auch gar nicht. Nun war ich es, die auf dem Schulhof saß und das Allernötigste aus den Heften der anderen abschrieb – immer gerade so viel, dass die Aufgaben als erledigt durchgingen. Nach einer Weile ließ ich selbst das bleiben. Meine Vorbereitung auf Klassenarbeiten beschränkte sich bald darauf, am Morgen des Tests einen Spickzettel zu schreiben. Ärger bekam ich deswegen nie. Einige Zeit später kam ich außerdem zu dem Schluss, dass es nicht allzu viel schaden konnte, wenn ich dem Unterricht fernblieb. Um unentschuldigte Fehlzeiten zu vermeiden, setzte ich – wie sehr viele meiner Mitschüler – einfach ein E hinter meinen Namen im Klassenbuch. Das genügte, um den Lehrer davon zu überzeugen, dass ich eine Entschuldigung abgegeben hatte.

Wer nun annimmt, dass sich meine Noten durch mein Verhalten gravierend verschlechterten und dass ich bald eine Menge Ärger am Hals hatte, der täuscht sich gewaltig. Statt Problemen bescherte mir mein unangemessenes Benehmen am Ende des Jahres eine 1 im Arbeitsverhalten. Auch meine restlichen Noten litten kaum darunter, dass ich im Unterricht nur noch rumsaß. Von einem Durchschnitt von 1,7 in der

8. Klasse rutschte ich auf einen ganz passablen 2,2-Schnitt in der 11. Klasse ab.

Und auch den meisten anderen Schülern war im Laufe der Jahre am Gymnasium irgendwie die Lust am Lernen vergangen. »Wenn ihr in der 12. Klasse nicht ganz andere Töne anschlagt, wird das für viele von euch böse enden«, drohte mein damaliger Klassenlehrer, als sich das 11. Schuljahr dem Ende zuneigte. Ihm war gerade zum ersten Mal aufgefallen, dass der Großteil des Kurses im Unterricht nicht mitschrieb, ja noch nicht einmal Hefte führte.

Da muss sich auch bei mir etwas ändern, dachte ich mir. Doch das war schwieriger, als ich vermutete. In den zwei Jahren bis zum Abitur versank ich nämlich noch mehr im Chaos. Hausaufgaben erledigte ich gar nicht mehr, selbst das Spickzettel-Schreiben vor Klausuren ließ ich bleiben. Und als mein Block, den ich in allen Fächern benutzte, vollgeschrieben war, kaufte ich mir keinen neuen. Stattdessen schrieb ich auf lose DIN-A5-Zettel oder auf die Rückseiten von Arbeitsblättern. Zum Glück endete das jedoch alles andere als böse. Ich habe das Abitur inzwischen erfolgreich hinter mich gebracht – und meine Vermutung, dass es keine Rolle spielt, ob man sich bemüht oder nicht, hat sich damit bestätigt.

*

Doch welche Signale sendet es, wenn Schüler auch ohne Mühen das Abitur bestehen und schlechte Leistungen nicht geahndet werden? Genau: dass es sich nicht lohnt, sich anzustrengen. Dass man damit durchkommt, wenn man sich treiben lässt. Dass man mit Bequemlichkeit genauso viel erreichen kann wie mit harter Arbeit – oder sogar noch mehr.

Damit verfehlt die Schule eine ihrer wichtigsten Aufgaben: die Kinder so zu erziehen, dass sie auf das weitere Leben vorbereitet sind. Anstatt ihnen beizubringen, dass Fleiß eine Tugend ist, die ihnen als Erwachsener nützlich sein kann, lehrt sie Trägheit. Natürlich ist die Schule nicht dazu da, weinende Kinder zum Geigespielen zu nötigen und Schüler, die etwas nicht verstehen, fallen zu lassen. Lehrer sollten sich aber dessen bewusst sein, dass man den Ehrgeiz der Schüler ausbremst, wenn man herausragende Leistungen nur belächelt oder sogar herabwürdigt. Denn wie soll ein Kind lernen, dass sich Einsatz lohnt, wenn es nie gelobt wird?

An einigen Geschehnissen aus der jüngeren Vergangenheit kann man erkennen, wohin es führt, wenn Leistung nicht mehr zählt: Denken wir nur an die zusammenkopierten Doktorarbeiten angesehener Politiker, die jüngst für Schlagzeilen sorgten. Sie sind die logische Konsequenz aus den Versäumnissen der Schulen. Denn wenn Kindern schon dort eingebläut wird, dass man mit Betrügereien viel weiter kommt als mit echter Arbeit, dann ist es kein Wunder, wenn sie sich darauf auch in der Universität oder im Arbeitsleben verlassen.

Was ich daraus gelernt habe:

Wer sich anstrengt und ehrlich ist, kann sich nicht darauf verlassen, dafür Anerkennung zu erhalten – traurig!

Was ich Schülern rate:

Kämpft für eure Noten! Diskutiert, wenn es notwendig ist mit den Lehrern und lasst euch erklären, wie sich eine Note zusammensetzt. Denn selbst, wenn ihr damit nicht unmittelbar etwas erreicht: Längerfristig bringt es etwas, auf das Problem aufmerksam zu machen.

Was sich ändern sollte:

Noten müssen transparent sein: Woher kommt die Note? Wie wird sie begründet? Welche Kriterien haben bei der Bewertung eine Rolle gespielt? Die Antworten auf diese Fragen müssen Schüler wissen. Außerdem sollten sich Lehrer vor Augen führen, dass es nicht selbstverständlich ist, wenn sich Schüler über den Unterricht hinaus engagieren. Dies sollte entsprechend honoriert werden! Aktivitäten außerhalb des Normunterrichts sollten zum festen Bestandteil des Zeugnisses werden.

2. Kapitel

UNTERRICHTEN NACH LEHRPLAN? ACH, WIESO DENN?!

Ich hasse die Schule,
weil Lehrer machen können,
was sie wollen

Als meine Klassenlehrerin Frau Prescher die Schule verließ, da ihr Vertrag ausgelaufen war, stand meine Grundschulklasse zum zweiten Mal in zwei Jahren ohne Lehrer da. Frau Preschers Weggang enttäuschte uns sehr. Einige Kinder weinten sogar. Die Lehrerin war überaus beliebt gewesen. Dennoch hatte sich die Schule nicht sonderlich bemüht, sie zu halten.

Frau Fischer, die Schulleiterin, übernahm jetzt die Leitung unserer Klasse. Doch damit war sie anscheinend nicht glücklich. Sie pflegte, stets viel zu spät zum Unterricht aufzutauchen und zu ihrer Entschuldigung hatte sie allerhand Ausreden parat: Entweder hatte sie noch ein wichtiges Telefonat geführt oder irgendwelche dringenden Angelegenheiten mit anderen Lehrern besprochen. In ihrer Abwesenheit herrschte natürlich immer Chaos im Klassenraum – was kann man auch anderes erwarten, wenn man eine 3. Klasse ständig unbeaufsichtigt lässt? Wenn sie zehn Minuten nach Unterrichtsbeginn noch immer nicht aufgetaucht war, gingen wir ins Lehrerzimmer und fanden sie dort meistens beim gemütlichen Frühstücken vor.

Als sich die Vorfälle häuften und die Verspätungen unserer neuen Klassenlehrerin immer mehr zur Gewohnheit wurden, suchte meine Mutter das Gespräch mit ihr. Doch Frau Fischer entgegnete nur: »Wenn es Ihnen hier nicht gefällt, können Sie ihre Tochter ja auf einer anderen Schule anmelden.« Sie war nicht bereit, Fehler einzugestehen. Also wechselte ich die Schule.

Doch natürlich ist es nicht immer möglich und schon gar nicht sinnvoll, die Schule zu verlassen, wenn etwas schiefläuft. Schon allein deswegen, weil eine perfekt organisierte und vorbildliche Schule kaum zu finden sein wird. Aber Perfektion verlangt ja auch niemand! Schön wäre es nur, wenn Schulen sich zumindest bemühen würden, die einfachsten Regeln des Zusammenarbeitens zu berücksichtigen und wenn sie den Rahmenlehrplan einhalten würden. Denn dass Lehrer ihren Unterricht nach dem eigenen Gusto gestalten – und dass das nicht immer zum Vorteil der Schüler passiert –, musste ich schon früh lernen.

Es war der erste Schultag der 6. Klasse und endlich waren wir nicht mehr die Kleinsten auf dem Gymnasium. Ich fühlte mich so erwachsen, doch meine Freude fand ein jähes Ende, als wir erfuhren, dass wir Herrn Pfennig in Musik bekommen sollten. Herr Pfennig war der gefürchtetste Lehrer der Schule, ein ganz harter Hund, ein Überbleibsel aus alten Zeiten, in denen die Schüler noch unterwürfig gewesen waren – und das sollte er bald auch von uns einfordern. Der Musikunterricht fand in der Aula unserer Schule statt, in einem großen Saal voller Stühle und mit einer kleinen Bühne, neben der ein Flügel stand. Zu Beginn einer jeden Stunde mussten wir uns in einer Reihe an der Wand aufstellen. Wie ein Armeeoffizier schritt Herr Pfennig dann an uns vorüber und bestimmte, wer wo sitzen sollte. Danach schwang er sich ans Klavier und hämmerte erst einmal einige Dreiklänge in die Tasten, die wir dann der passenden Tonart zuordnen mussten. Dabei hielt er es nicht für nötig, unsere Namen zu lernen.

»Martin«, brüllte er einmal, während er mit dem Rücken zur Klasse saß.

Niemand reagierte.

Herr Pfennig drehte sich um und seine kleinen Augen ruhten auf Marvin. »Warum antwortest du nicht, wenn ich dich aufrufe?«, blaffte er ihn an.

»Weil ich nicht Martin heiße.«

Marvin bekam daraufhin eine Strafarbeit – nur weil er den falschen Vornamen hatte.

In diesem Jahr sangen wir kein einziges Mal im Musikunterricht, weil Herr Pfennig vermutete, dass wir nicht singen konnten. Stattdessen mussten wir Dreiklänge pauken und die Nationalhymne auswendig lernen. Die Dreiklänge und Kadenzen zu erkennen, fiel mir und auch vielen meiner Mitschüler schwer. Im vorangegangenen Schuljahr waren wir von einer Lehrerin unterrichtet worden, bei der wir nur gesungen hatten. Herr Pfennig schlug da im wahrsten Sinne des Wortes andere Töne an und wir mussten unsere Defizite in Musik nun irgendwie ausräumen.

Auch in Erdkunde herrschte Chaos, denn in Frau Gintzkes Unterricht kamen wir einfach nicht voran. Jede Stunde wiederholte sie den Inhalt der letzten Stunde so ausführlich, dass kaum noch Zeit für Neues blieb. Nach einem halben Jahr wurde Frau Gintzke dann auch noch krank. Sie hatte einen Bandscheibenvorfall und musste operiert werden – und das dauerte und dauerte.

In der ganzen Zeit hatten wir keinen Vertretungslehrer, geschweige denn Erdkundeunterricht. Ab und zu erhielten wir Arbeitsblätter mit Rätselfragen zu Gebirgen, die wir zu Hause bearbeiten sollten. Währenddessen beschäftigten sich unsere Parallelklassen mit Plattenverschiebungen und Erdzeitaltern. Schließlich lief es darauf hinaus, dass wir ein ganzes Halbjahr lang keinen Erdkundeunterricht hatten. Eine Note bekamen wir trotzdem – auch wenn keiner wusste, wie sie zustande gekommen war.

Dass es noch viel schlimmer ist, wenn Lehrer erfinderisch werden und etwas »Eigenes« – und das höchst dilettantisch – auf die Beine stellen, erfuhr ich in der 10. Klasse.

Im Physikunterricht an meinem hessischen Gymnasium wurde ich Teil eines Experiments: Nachdem ich in der 9. Klasse gar keinen Physikunterricht gehabt hatte, bekam ich in der 10. Klasse eine neue Lehrerin: Frau Dieske. Ich kannte sie bis dahin nur vom Sehen und so startete ich völlig vorurteilsfrei in das neue Schuljahr. Und das änderte sich auch nicht, als uns Schülern und den Eltern über ein Informationsblatt mitgeteilt wurde, dass Frau Dieske gemeinsam mit einem pensionierten Lehrer ein neues Konzept für den Unterricht ausgearbeitet hatte. Gemeinsam wollten sie den von Wissenschaftlern entwickelten »Karlsruher Physikkurs« an unserer Schule einführen. Wie es in dem Schreiben hieß, sollte der Physikunterricht mit Analogien aus anderen Fächern arbeiten. Toll, dachten wir zunächst alle. Schließlich sprach nichts gegen neue Lehrmethoden, die den Unterricht interessanter gestalteten.

Es fand sogar ein Informationsabend für die Eltern statt, an dem Herr Seidel, der Initiator des Ganzen, nur die positiven Seiten des Konzepts erläuterte und dessen Nachteile verschwieg. Von Herrn Seidel hatte ich bis dahin einen sehr guten Eindruck gehabt. Er war es gewesen, der uns innerhalb kürzester Zeit Chemie nähergebracht hatte, nachdem Herr Fischbein und Frau Dahler kläglich versagt hatten. Er schien die seltene Gabe zu besitzen, komplizierte Sachverhalte einfach und verständlich darzustellen – und andere von etwas zu überzeugen.

Der »Karlsruher Physikkurs« sollte zwei Jahre dauern. Während dieser Zeit sollten die Themen aus dem Lehrplan in ihrer Abfolge vertauscht werden, um leichter Verbindungen zu anderen Fächern, wie beispielsweise Chemie, herstellen zu können. Das hörte sich logisch an. So wurde uns auch erst einige Zeit später bewusst, dass uns der »Karlsruher Physikkurs« weit über seinem Wert verkauft worden war.

»Der Impuls kommt aus dem Boden«, war die zentrale Lehre, mit der sich laut unserer Lehrerin jedes physikalische Phänomen erklären ließ. »Wo kommt der Impuls her?«, pflegte Frau Dieske zu wiederholen, wenn sie die Ergebnisse der letzten Stunden zusammenfasste. Die Antwort kannten wir genau, dennoch sorgten ihre Erklärungen regelmäßig für Verwirrung in der Klasse. Aber das konnte die Lehrerin ganz und gar nicht nachvollziehen. Warum auch sollten uns ihre Ausführungen zur Antriebskraft von Autos seltsam erscheinen? Immerhin hatte sie uns doch alles so detailliert beschrieben: Die Reifen eines stehenden Autos fungieren als Impulspumpen und übertragen den Impuls aus dem

Boden auf das Auto, welches nur dadurch an Geschwindigkeit gewinne. Auch ein rennender Mensch könne sich – so Frau Dieske – nur fortbewegen, wenn seine Füße einen Impuls aus dem Boden bekommen. Dann nämlich würde der Impuls durch die Beine auf den Körper übertragen, der so an Geschwindigkeit zulegen könne. Bei jedem Aufkommen auf der Erde werde der Impuls durch die Füße wieder an die Erde zurückgegeben, die im selben Moment wiederum einen neuen Impuls durch die Beine auf den Menschen übertrage. Auf dieser Lehre basierte der gesamte Unterricht und wir verbrachten viele Stunden damit, die Stärke des Impulses in Huygens auszurechnen, einer Maßeinheit, die in keinem Lehrbuch zu finden war und die selbst angesehene Physikprofessoren an der Universität Darmstadt nie verwendeten.

Am Anfang interessierten sich nicht allzu viele Schüler und Eltern dafür, was in der Schule unterrichtet wurde. Hauptsache, die Kinder konnten das wiedergeben, was in den Stunden gelehrt wurde, und bekamen einigermaßen gute Noten.

Viel weiter dachte in der 10. Klasse noch niemand und einen Wechsel an eine andere Schule, an der nach dem normalen Lehrplan unterrichtet wurde, hatte damals auch noch keiner vor. Erst als ich einen kritischen Artikel in der Schülerzeitung veröffentlichte, erhitzte sich die Diskussion über die Schwächen des »Karlsruher Physikkurses«. Und eines Tages klingelte zu Hause das Telefon.

Meine Mutter ging ran. »Es ist Herr Seidel«, rief sie und ich wusste schon genau, warum er sich meldete.

»Warum hast du denn so einen Artikel geschrieben? Du behauptest Dinge, die gar nicht wahr sind«, empörte er sich.

»Was ist denn an meinem Artikel falsch?«, fragte ich relativ verwundert, denn ich hatte vorher sorgfältig recherchiert. Deshalb war ich mir auch sicher, keinen Fehler bei der Berichterstattung gemacht zu haben.

»Wo soll ich da anfangen? ... Wenn ich das jetzt alles aufzählen würde, würde das Stunden dauern«, schimpfte Herr Seidel ins Telefon.

»Der Artikel ist nur eine halbe Seite lang. Selbst wenn Sie jedes Wort vorlesen würden, wären Sie ziemlich schnell damit fertig.«

»Das ist so viel. Das kann ich jetzt gar nicht alles sagen«, wiederholte er sich.

»Dann nennen Sie mir eben ausgewählte Beispiele, was Ihrer Meinung nach anders dargestellt werden müsste«, schlug ich vor. Allmählich wurde auch ich wütend. Ich ließ mir nicht einfach unterstellen, dass ich Unwahrheiten verbreitete.

»Zum Beispiel werden beim ›Karlsruher Physikkurs‹ keine Themen zeitlich vertauscht. Das stimmt überhaupt nicht. Wie kommst du darauf?«, erregte er sich.

»Jetzt machen Sie sich doch nicht lächerlich. Dass die Themen vertauscht werden, haben Sie selbst so oft gesagt. Außerdem kann man das ganz einfach erkennen, indem man den Lehrplan, der im Internet zu finden ist, mit dem vergleicht, was wir im Unterricht behandeln«, erklärte ich ihm, während ich versuchte, Ruhe zu bewahren.

»Nein, das stimmt nicht«, beharrte er.

»Natürlich stimmt das. Ich habe mir den Lehrplan oft genug angesehen.«

»Nein.«

So etwas hatte ich bis dahin noch nicht erlebt. Wollte er mich für dumm verkaufen? Man brauchte einfach nur auf die Homepage des Kultusministeriums zu gehen, um zu sehen, dass ich recht hatte. Also warum erzählte er mir so etwas? Langsam kochte ich vor Wut.

»Ich bringe Ihnen morgen den ausgedruckten Lehrplan mit. Da werden Sie es sehen.« Meine Stimme bebte.

»Okay, dann mach das«, entgegnete er nur.

»Sie hatten davon gesprochen, dass noch mehr in meinem Artikel falsch sein soll. Was ist denn noch falsch?«

»Das ist so vieles. Wie gesagt, da würden wir hier noch Stunden telefonieren«, redete er sich heraus, denn mehr fiel ihm anscheinend nicht ein.

»Auf Nachfrage reagierte das Schulamt empört auf die Einführung des ›Karlsruher Physikkurses‹ und kündigte an, den Fall zu untersuchen« – das war der finale Satz meines Artikels gewesen und gleichzeitig wohl die Passage, die Herrn Seidel am meisten in Rage versetzt hatte.

»Du hast dich also beim Schulamt beschwert?«, wollte er nun wissen und seine Stimme nahm dabei einen drohenden Ton an, was mich allerdings wenig beeindruckte.

»Nein, beschwert habe ich mich nicht. Ich wollte für meinen Artikel nur in alle Richtungen recherchieren. So wie man das normalerweise macht. Und ich wollte fragen, wie viele hessische Schulen dieses neue Konzept noch eingeführt haben.«

»Und sag bloß, die beim Schulamt wussten überhaupt nichts vom ›Karlsruher Physikkurs‹?« Ich konnte förmlich spüren, wie Herrn Seidels Wut weiter anwuchs, doch wahrscheinlich war er nicht zorniger als ich.

Als wir das Telefonat beendet hatten, musste ich mich wirklich zusammenreißen. Hielt er mich für unterbelichtet? Wieso versuchte er, mir plötzlich weiszumachen, dass er all diese Dinge nie gesagt hatte und warum stritt er ab, was ich ganz einfach beweisen konnte? Ich verstand einfach nicht, weshalb er sich nicht auf sachlicher Ebene mit der Kritik auseinandersetzen konnte und mir stattdessen Anschuldigungen an den Kopf warf.

Doch der Trubel war damit noch längst nicht beendet. Dass das Schulamt über die unangemeldete Lehrplanänderung erbost war, drang auch bis zu unserem Direktor Herrn Wuhlmann vor. Er sprach mich auf dem Schulhof an und wollte einen Gesprächstermin mit meiner Mutter und mir vereinbaren. Dagegen hatte ich nichts einzuwenden.

Einige Tage später saßen wir im Büro des Schulleiters, um über den »Karlsruher Physikkurs« zu diskutieren. Herr Wuhlmann sah mich erstaunt an und sagte: »Aber was ist denn so schlimm daran, wenn man alte Dinge erneuert?«

»Das wäre gar nicht so schlecht und würde sicherlich nicht auf Kritik stoßen, wenn man Unterrichtskonzepte verbessern würde. Hier verschlechtert man aber nur«, antwortete ich, während ich meinen Physikordner über den großen Tisch zum Direktor hinüberschob.

»Inwiefern verschlechtert sich der Unterricht durch das neue Konzept?«

Der Blick meines Direktors huschte über die Blätter in meinem Ordner, auf denen meine Mutter alle inhaltlichen Mängel mit Textmarker angestrichen hatte, sodass alles hellgelb leuchtete. Sie hatte verschiedene Physikbücher aus der Bibliothek ausgeliehen, die sie allesamt durchgearbeitet hatte. Außerdem hatte sie Professoren der Universität Darmstadt kontaktiert, um sich die Fehlerhaftigkeit bestätigen zu lassen.

»Hier beispielsweise wird etwas über den Impulsfluss gelehrt, das stimmt so aber nicht, wie das hier dargestellt wird. Außerdem kann es ja nicht angehen, dass ganz andere Unterrichtsinhalte gelehrt werden als die, die im Lehrplan vorgegeben sind«, mischte sich meine Mutter jetzt ins Gespräch ein.

»Zu den inhaltlichen Dingen kann ich jetzt gar nichts sagen, damit kenne ich mich nicht aus«, entgegnete Herr Wuhlmann und lehnte sich in seinem Stuhl zurück. »Ich unterrichte nur Deutsch und Geschichte, da weiß ich nicht so sehr über Physik Bescheid.« Damit war die Diskussion über die Qualität des Unterrichts für ihn vorbei.

Ich begriff nicht, wie sich der Direktor eines Gymnasiums grundsätzlichen Fragen mit dem Argument, nicht Bescheid zu wissen, entziehen konnte. Sollte ein Schulleiter nicht ein wenig Ahnung von allen Fächern haben, die an seiner Schule gelehrt werden oder zumindest wissen, wo er im Notfall Erkundigungen einholen kann? Normalerweise konnte man so etwas schon erwarten, doch Herr Wuhlmann saß nur da und lächelte. Das Einzige, was ihn zu stören schien, war, dass ich beim Schulamt angerufen hatte und die Tatsache, dass man dort sehr empört über das neue Unterrichtskonzept gewesen war.

»Was ist der ›Karlsruher Physikkurs?‹«, hatte man mich bei meinem Anruf im Schulamt gefragt. Und nach und nach hatte sich im Telefonat herausgestellt, dass das Konzept in keiner anderen Schule in Hessen auch nur in Erwägung gezogen, und dass die Einführung beim Schulamt nicht gemeldet worden war. Dass das Amt eine Genehmigung erteilt hatte, war also völlig ausgeschlossen. Ich hatte nicht mit einer solch heftigen Reaktion der Beamten gerechnet, denn Herr Seidel pflegte es ja immer so darzustellen, als sei der »Karlsruher Physikkurs« ohne jegliche Bedenken durchgewunken worden. Er hatte sogar behauptet, man plane, diese Art von Unterricht flächendeckend einzuführen. Wir seien die Vorreiter.

Dies alles erzählte ich Herrn Wuhlmann nun noch einmal. Denn dem war allem Anschein nach bis dato nicht so richtig klar gewesen, dass es bei der Änderung des Lehrplans nicht mit rechten Dingen zuging.

»Wolltest du, dass ein unsichtbarer Hammer kommt und mal gewaltig auf den Tisch haut?«, fragte mich Herr Wuhlmann, der über den bösen Brief, den das Schulamt infolge meines Anrufes geschickt hatte, nicht gerade erfreut war.

»Auf einen unsichtbaren Hammer hatte ich eigentlich nicht gehofft. Aber wenn Sie hier nach neuen Konzepten unterrichten, die weder den Lehrplan befolgen noch genehmigt sind, müssen Sie sich nicht wundern, wenn Konsequenzen auf Sie zukommen«, erklärte ich ihm.

»Das mit der Anmeldung ist sowieso nur eine Formalie.Das Verfahren dauert immer sehr lange. Bis etwas tatsächlich genehmigt wird, können Monate vergehen. Und außerdem«, sagte er und spulte nun die Argumente von Herrn Seidel wieder ab, »ist der ›Karlsruher Physikkurs‹ eine ganz neue Lehrmethode, die auch Analogien zu anderen Fächern herstellt. Es wird gar nicht so lange dauern, bis noch viel mehr Schulen den ›Karlsruher Physikkurs‹ einführen.« Obwohl er sich selbst keinerlei Einblick in die tatsächlichen Inhalte des Physikkurses verschafft und nach eigener Aussage nicht die geringste Ahnung von dem Unterrichtsfach hatte, war er sich dessen sicher.

Doch er irrte sich ganz gewaltig. Denn einige Monate später sollte es dieses neuartige und sehr kreativ mit physikalischen Prinzipien umgehende Konzept selbst an meiner Schule nicht mehr geben.

Bis dahin war es noch ein steiniger Weg. Herr Seidel grüßte mich nicht mehr und Frau Dieske versuchte fortan, mir das Leben schwer zu machen. Jedoch konnte sie mir relativ wenig anhaben, denn ich konnte auf ihre Fragen immer die richtige Antwort geben. Nachdem ich mich so intensiv mit den Schwachstellen und Ungereimtheiten des Lehrkonzeptes auseinandergesetzt hatte, wusste ich nämlich besser denn je, was Frau Dieske von mir hören wollte. Da Herr Seidel und Frau Dieske nicht das Geringste unternahmen, um den Unterricht dem Lehrplan anzugleichen und sich eben doch nicht alle physikalischen Erscheinungen mit dem Impuls aus dem Boden erklären ließen, rief ich noch einmal beim Schulamt an, um nachzufragen, welche Ergebnisse die Untersuchungen gebracht hatten. Das Resultat war ernüchternd: Solange die Noten stimmten, beschwerten sich zu wenige Eltern und Schüler. Der Kurs lief also weiter.

Erst nach einem Jahr »Karlsruher Physikkurs« wurden die Physikstunden für die meisten Schüler zur Qual. Und langsam aber sicher wurde der Protest gegen den »Karlsruher Physikkurs« immer heftiger. Zuerst machten Impuls-Witze die Runde, danach wurde die Klasse immer unruhiger und Frau Dieske hatte bald Mühe, sich durchzusetzen.

Auch das Schulamt hatte sich mit der Stellungnahme des Direktors wohl nicht zufriedengegeben und so stand urplötzlich auf unseren Arbeitsblättern nicht mehr »Karlsruher«, sondern »Darmstädter Physikkurs«.

»Was ist denn mit dem ›Karlsruher Physikkurs‹ passiert?«, fragte Antoine beim Anblick der neuen Überschrift amüsiert.

»Mit welchem ›Karlsruher Physikkurs‹?« Frau Dieske tat erstaunt.

»Na ja, mit dem ›Karlsruher Physikkurs‹, an dem wir das ganze letzte Jahr teilgenommen haben«, hakte Antoine nach und die Klasse fing an zu lachen.

»Wieso? Es gab gar keinen ›Karlsruher Physikkurs‹. Das war schon immer der ›Darmstädter Physikkurs‹«, versuchte Frau Dieske uns einzureden.

Doch ihre Versuche waren lächerlich, zumal auf all unseren Arbeitsblättern zuvor groß »Karlsruher Physikkurs« gestanden hatte. Mit ihrer offenkundigen Lüge verlor Frau Dieske endgültig ihre Autorität. Wir konnten uns vor Lachen kaum noch halten.

Die Folgen des Experiments von Herrn Seidel und Frau Dieske waren verheerend: Die zwischenzeitliche Einführung dieses misslungenen Unterrichtskonzeptes hatte zur Folge, dass uns Schülern in den kommenden Jahren sämtliches Grundwissen in Physik fehlte. Als es für unseren Jahrgang Zeit war, die Leistungskurse zu wählen, entschieden sich daher ungewöhnlich wenige Schüler für Physik. Fünf Stunden die Woche mit diesem unbeliebten Fach zu verbringen und darin auch noch eine Abiturprüfung ablegen zu müssen war für die meisten unvorstellbar. Weil es in den Jahren zuvor immer einen Physikleistungskurs gegeben hatte, ging die Schule aber dennoch fest davon aus, dass wieder einer zustande kommen würde. Doch es fanden sich nicht einmal zehn Schüler aus drei Klassen, die sich auf die Naturwissenschaft spezialisieren wollten. Erst nach intensiver Werbung des Leistungskurslehrers Herrn Preuß, der sich auch schon vorher gegen den »Karlsruher Physikkurs« ausgesprochen hatte, ließen sich einige Schüler doch noch überreden. Ein Kraftakt, den man sich hätte ersparen können, wenn man vorher durchgegriffen hätte.

Bei mir hatte der Kurs nur eines bewirkt: Ich hasste Physik. Und als ich auf das Berliner Gymnasium wechselte, verstand ich nichts mehr.

Und so verlief es eigentlich während meiner gesamten Schulzeit: Ein Lehrer machte ohne Rücksicht auf Verluste das, was er gerade wollte – denn es gab ja keine Instanz, die ihm auf die Finger schaute. Und der Direktor, der laut Schulgesetz die Pflicht hat, darüber zu wachen, dass die Schule ihren Bildungs- und Erziehungsauftrag erfüllt und die Beschlüsse der einzelnen Konferenzen durchsetzt, stand oft auf der Seite des Lehrers. Für uns Schüler war es deshalb sehr schwer, etwas gegen unangemessene Unterrichtsmethoden oder sonstige Verstöße zu unternehmen. Zwar gab es noch das Schulamt, dieses wurde jedoch nur bei groben Verstößen und oft erst nach mehrmaligen Aufforderungen tätig. Und selbst eine externe Evaluation war in meinem Fall kein wirksames Instrument, um den Problemen an der Schule auf die Spur zu kommen. Als ich in der 10. Klasse war, wohnten einige Mitarbeiter des Schulamtes und Lehrer anderer Schulen ausgewählten Unterrichtsstunden an meinem Gymnasium bei. Das Ganze war natürlich frühzeitig angekündigt worden, und außerdem hatte sich die Schule freiwillig zur Evaluation bereit erklärt. Dadurch wurde das Ganze zur Farce. So etwas wie eine Kontrolle fand nicht statt, da sich die Lehrer speziell auf die Unterrichtsstunden, in denen sie unter Beobachtung standen, vorbereitet hatten.

Kam es an meiner hessischen Schule nur ab und zu vor, dass Lehrer den Lehrplan nach Gutdünken änderten, so war das an meinem Berliner Gymnasium gang und gäbe. In Kunst stimmten wir Anfang der 12. Klasse sogar darüber ab, welches Thema wir behandeln wollten. Unsere Wahl fiel auf Plakatgestaltung. Das lief dann darauf hinaus, dass wir ausschließlich Werbestrategien behandelten. Und als wir im zweiten Halbjahr der 13. Klasse nach dem neuen Thema fragten, staunten wir nicht schlecht.

»Dieses Halbjahr machen wir noch einmal Werbung. Das steht so im Lehrplan«, kündigte Herr Huber an.

»Aber das haben wir doch schon in der Zwölften lang und breit behandelt«, beschwerte sich Sharon.

»Ja, aber jetzt machen wir das eben noch einmal«, entgegnete Herr Huber.

Und so war es dann auch. In den nächsten Stunden wiederholten wir den Stoff der 12. Klasse. Wir erhielten sogar die gleichen Arbeitsblätter und mussten sie nach einem Jahr erneut bearbeiten.

*

Neuerdings möchte die Politik den Schulen mehr Eigenverantwortung übertragen. In Hessen hat es hierzu unten anderem den Versuch »Schule gemeinsam verbessern« und das Modellprojekt »Selbstverantwortung Plus« gegeben. Nicht genug, dass Bildungspolitik Ländersache ist, nun soll also auch noch jede Schule allein über pädagogische und organisatorische Fragen entscheiden können. Als würden Lehrer nicht ohnehin dazu neigen, nach ihren Vorlieben zu unterrichten.

Meines Erachtens ist es ein Schritt in die falsche Richtung, den Schulen weitere Freiheiten zu geben. Denn in Zeiten, in denen von Eltern Flexibilität und Mobilität gefordert werden und man jederzeit für einen neuen Job umziehen können muss, wird es für Schüler beinahe unmöglich, die Schule zu wechseln. Die Lehrpläne unterscheiden sich zum Teil so stark, dass sich

Schüler nach einem Umzug nicht mehr zurechtfinden und den Anschluss im Unterricht verlieren. Es fehlt einfach die Vergleichbarkeit der Inhalte. Und auch im späteren Leben kann es Nachteile haben, wenn Schüler nicht dasselbe lernen: Denn was, wenn ein Abiturient im Studium plötzlich Wissen braucht, das in allen anderen Bundesländern fester Bestandteil des Lehrplans war – nur in seinem Wohnort nicht?

Was ich daraus gelernt habe:

Man kann sich nicht darauf verlassen, dass man in der Schule Dinge lernt, die man später tatsächlich gebrauchen kann.

Was ich Schülern rate:

Informiert euch darüber, was im Lehrplan steht. Sprecht gegebenenfalls mit euren Eltern darüber, was in der Schule abläuft und bringt sie dazu, planmäßigen Unterricht einzufordern!

Was sich ändern sollte:

Weg mit dem Bildungsföderalismus! Außerdem müssen staatliche Instanzen einzelne Schulen öfter und genauer kontrollieren.

3. Kapitel

AUFBEWAHRUNGS-STÄTTE SCHULE

Ich hasse die Schule,
weil sie neuerdings mehr
zur Betreuung als zur
Ausbildung von Kindern dient.

Kaum hatte das 9. Schuljahr begonnen, erfuhren wir, dass unser neuer Mathelehrer uns erst nach den Herbstferien unterrichten würde. Der Grund: Sein Staatsexamen lag noch vor ihm. Und bis er das bestanden hatte, sollten wir nun bei einer Vertretungslehrerin Unterricht haben, die im Rahmen eines neuen Konzepts des Kultusministeriums Hessen eingestellt worden war.

Was auf uns zukommen würde, ahnten wir schon, als die Vertretungslehrerin den Klassenraum zum ersten Mal betrat: eine kleine zittrige Gestalt mit piepsiger Stimme und Schlüsselband, an dem ein kleiner Teddy bei jedem Schritt hin- und herschwang. Sie warf ihren langen seidenen Schal nach hinten und schrieb ihren Namen an die Tafel: »Frau Dahler«. Dann drehte sie sich um und verkündete: »Ich unterrichte euch in den nächsten Wochen in Mathe.« Nur ihre rechte Gesichtshälfte bewegte sich bei diesen Worten. Wir Schüler guckten uns gegenseitig an und es war klar, dass wir alle das Gleiche dachten: Die nächsten Wochen mit dieser Lehrerin werden ganz bestimmt lustig.

Hastig kramte Frau Dahler einen kleinen zusammengefalteten Zettel aus ihrer Tasche, hielt ihn sich ganz nah vor die Augen und schrieb das Thema der nächsten Stunden an die Tafel. Darunter setzte sie die erste Aufgabe, in welcher es um eine Schar Schweine und Hühner ging. Wir sollten durch Umstellen der Gleichung errechnen, wie viele Beine die Tiere insgesamt hatten. Schon als Frau Dahler mit der Klasse klären wollte, wie viele Beine ein Schwein und ein Huhn im Normalfall haben, bahnte sich das Chaos an: Gebrabbel, Gelächter, die ersten begannen, sich mit interessanteren Dingen zu beschäftigen. Es wurde klar: Frau Dahler hatte die Klasse bereits verloren, ehe sie den Raum betreten hatte.

In der nächsten Stunde spitzte sich die Lage weiter zu, als sie uns einige Rechenregeln an die Tafel schrieb.

»Macht euch jetzt mal alle einen Waschzettel«, erklärte sie und fuchtelte mit ihrem kleinen Stück Papier herum, von welchem sie die Aufgaben auf die Tafel kopierte.

»Einen was?«, fragte Monika verwirrt und viele lachten.

»Einen Waschzettel. Da habt ihr dann die ganzen Formeln drauf.«

Ein lautes »Aha« ging durch die Klasse und eine Menge Waschzettelwitze waren zu hören.

Doch der Höhepunkt des Wirrwarrs sollte erst noch erreicht werden. Bald hatten wir genug von Hühnern, Schweinen und seltsamen Lehrmethoden. Und so kamen einige Schüler auf die Idee, den Unterricht zumindest kulinarisch aufzupeppen. »Es spricht doch nichts dagegen, wenn wir mal kurz zu McDonald's gehen, oder, Frau Dahler?«, fragte Antoine die Lehrerin.

»Nein, wenn ihr Hunger habt, könnt ihr euch da gern etwas holen.«

Diese Antwort überraschte die Klasse, denn eigentlich war es allen Schülern – abgesehen von denen aus der Oberstufe – untersagt, das Schulgelände während der Unterrichtszeit zu verlassen. Kein klar denkender Mensch hätte es einem Drittel der Klasse gestattet, mitten in der Stunde gemütlich zum nächstgelegenen Fastfoodrestaurant zu schlendern. Wahrscheinlich ist, dass auch Frau Dahler es im Nachhinein bereute. Denn die Einkaufstouren wurden mehr und mehr zur festen Gewohnheit und bald brachten die Schüler nicht nur gut gefüllte Mägen, sondern auch Ketchup von ihnen mit, der dann mitten im Unterricht an die Tafel klatschte. Da die Wurfgeschosse, die McDonald's im Sortiment hatte, mit der Zeit eintönig wurden, wich man irgendwann auf den benachbarten Supermarkt aus. Dort bekam man auch Trauben und andere matschige Obst- und Gemüsesorten und Baguettes, die sich besonders gut zum Schleudern eigneten. Es gipfelte schließlich darin, dass Stühle aus dem Fenster flogen und plötzlich die im Erdgeschoss unterrichtende Lehrerin in der Tür stand, um nachzuforschen, was das zu bedeuten hatte.

Von nun an zerbrach sich das gesamte Lehrerkollegium den Kopf über unsere Klasse – doch das half wenig, um uns wieder in den Griff zu bekommen. Zwar hatte Frau Dahler wohl von irgendwem den Tipp bekommen, uns ab sofort zu untersagen, den Klassenraum während der Schulstunden zu verlassen, doch auf ihre Verbote gaben die Schüler wenig. Viele meiner Klassenkameraden gingen dennoch weiter auf Einkaufstour – Frau Dahler konnte sie ja nicht festbinden –, andere besorgten sich schon in der Pause alles, was nötig war, um den Unterricht zu sabotieren. Tun konnte die Lehrerin dagegen nichts, sie wusste ja noch nicht einmal unsere Namen. Gleich am ersten Tag hatte sie uns gebeten, einen Sitzplan anzufertigen, um uns auch persönlich ansprechen zu können. Doch fast jeder hatte sich den Spaß gemacht, statt des richtigen einen Fantasienamen einzutragen.

»Ich beschwere mich bei deiner Klassenlehrerin über dich, wenn du nicht sofort die Trauben einpackst«, fauchte sie Antoine an, der gerade dabei war, Obst von hinten gegen die Tafel zu schleudern. »Wie heißt du denn?« Ihre rechte Gesichtshälfte zitterte erregt, während ihr linker Mundwinkel starr blieb. Wir vermuteten, dass sie halbseitig gelähmt war.

»Ich heiße Peter«, antwortete Antoine und grinste.

Sie zückte ihren kleinen »Waschzettel« und notierte es. »Und mit Nachnamen?«

»Silie.«

Alle lachten, doch Frau Dahler war viel zu beschäftigt, um mitzubekommen, dass der kleine »Peter Silie« sie mächtig an der Nase herumführte. Und auch über die »Swetlana« oder den »Tobias« konnte sie sich bei den anderen Lehrern so viel beschweren, wie sie wollte – es gab diese Schüler nicht. Und als sich Frau Dahler nach einigen Wochen endlich eine Klassenliste besorgte, erklärten wir ihr, dass diese voller Fehler sei.

Um die Aufgaben, die uns Frau Dahler stellte, kümmerte sich fast niemand. Wieso auch? Selbst den wenigen Schülern, die sie immer noch brav bearbeiteten, konnte die Lehrerin keine Antworten auf Fragen geben, die nicht auf ihrem sogenannten »Waschzettel« standen. So gewannen wir den Eindruck, dass Frau Dahler, die uns immerhin ein Vierteljahr lang in Mathe unterrichten sollte, keinerlei Ahnung von der Materie hatte – auch wenn sie Chemikerin war, wie sie immer wieder betonte.

Verantwortlich für dieses Durcheinander war das neue Programm der hessischen Landesregierung: Die »Unterrichtsgarantie Plus« sollte dazu führen, dass der Unterricht von der ersten bis zur sechsten Stunde auf jeden Fall stattfand – oder anders formuliert: dass die Kinder in dieser Zeit beschäftigt waren. Sie war ein Geschenk an berufstätige Eltern, die sich nun keine Gedanken mehr machen mussten, wie sie reagieren sollten, wenn der Lehrer ihrer Kinder wieder einmal krank geworden war. Ein guter Gedanke, denn der Unterrichtsausfall hatte bis zur Einführung des neuen Systems immerhin bis zu 10 Prozent der gesamten Schulzeit betragen.

Im Rahmen der »Unterrichtsgarantie Plus« musste sich jede Schule nun externe Vertretungskräfte suchen. Das konnten Studenten, Chemikerinnen oder Hausfrauen sein, die sich zutrauten, eine Klasse zu beaufsichtigen, und Lust hatten, sich 15 Euro pro Stunde dazuzuverdienen. Um die Aushilfen auszustatten und genügend vorzubereiten, sollten ihnen Arbeitsblätter und andere Hilfsmittel von der Schule zur Verfügung gestellt werden. Außerdem durften unqualifizierte Aushilfen nicht länger als zwei Stunden unterrichten, danach musste ein Fachlehrer die Vertretung übernehmen.

In der Praxis erwies sich dieses Konzept als Reinfall. Die »Unterrichtsgarantie Plus« bedeutete für die Schule enormen bürokratischen Aufwand: Zunächst musste sich jede Schule eigenständig darum kümmern, Vertretungskräfte zu finden, die immer und überall bereit waren. Und das war gar nicht so einfach. Eine Aushilfe musste sich nach einem Anruf am Morgen schließlich sofort auf den Weg zur Schule machen und dann völlig unvorbereitet die Betreuung irgendeiner Klasse übernehmen. Dafür brauchte man nicht nur einen sehr flexiblen Tagesablauf, sondern auch gute Nerven, denn nicht alle Schüler waren darüber erfreut, von einem Betreuer bespaßt zu werden.

Darüber hinaus musste sich die Schule um die Lohnabrechung kümmern und ständig den Materialpool aktualisieren, damit immer genug Übungen vorhanden waren, auf die die Aushilfslehrer zurückgreifen konnten. Dies bedeutete für die Lehrer und auch den Direktor, der alles koordinieren musste, eine Menge zusätzlicher Arbeit. Deshalb war es auch nicht allzu verwunderlich, dass sie die »Unterrichtsgarantie Plus« heftig kritisierten – zumal ihre Meinung bei der Ausarbeitung des Programms überhaupt nicht berücksichtigt worden war. Wie viele Eltern konnten sich auch die Lehrer einfach nicht vorstellen, dass Laien so einfach ihre Arbeit übernahmen.

Ein Lehrer musste immerhin jahrelang studieren, um seinen Unterricht angemessen gestalten zu können. Und jetzt kamen ungelernte Leute daher, die sich im besten Fall ein wenig auf dem Fachgebiet auskannten, das sie unterrichten sollten. Aus Sicht der Schule konnte das gar nicht gut gehen. Demnach hatte auch niemand vor, dem Konzept eine echte Chance zu geben oder wenigstens das Beste daraus zu machen. Im Klartext hieß das: Die Schule fand es wohl gar nicht so schlecht, wenn die eine oder andere Stunde eines Vertretungslehrers ausartete. Nur so kann man es erklären, dass die Leitung im Fall von Frau Dahler nicht eingriff. Es beschwerten sich zwar Lehrer, die ihren Unterricht im Stockwerk unter unserem Klassenraum abhielten, doch Konsequenzen hatte das nicht. Man konnte sogar Schadenfreude erkennen, wenn sie nach Frau Dahlers Unterricht ein komplett verwüstetes Klassenzimmer vorfanden.

Ihre anfängliche Freude verschwand allerdings schlagartig, als unsere Klasse völlig außer Rand und Band geriet und sie selbst auch nicht mehr Herr der Lage werden konnten. Bald weiteten sich die anarchischen Zustände auf den Politik-und -Wirtschaft- und den Chemieunterricht aus. In diesen Fächern wurden wir von einem Lehrer unterrichtet, der schon lange nicht mehr in Bestform war. Für Herrn Fischbein war es üblich, vor und nach den Ferien jeweils vier Wochen zu fehlen, was im Endeffekt bedeutete, dass wir eigentlich so gut wie nie von ihm unterrichtet wurden. Als es einige Wochen nach Ende der Sommerferien aber doch endlich einmal so weit war, dass der Unterricht stattfand, schlug uns Herr Fischbein ein interessantes Projekt vor: Wir sollten von nun an jeden Tag kostenlos die aktuelle Ausgabe der Tageszeitung in die Schule geliefert bekommen – jeder Schüler, der von Herrn Fischbein unterrichtet wurde, sollte sein eigenes Exemplar erhalten. Was das zur Folge hatte, kann sich jeder denken: die komplette Zumüllung der Schule. Dies in Kombination mit Frau Dahlers Unterricht führte dazu, dass unser Klassenraum bald kaum noch zu betreten war. Überall lagen zerknüllte Zeitungen herum, die ab und an notdürftig in alle Ecken gestopft wurden. Als Frau Schönrogge eines Tages die Tafel hinunterzuschieben versuchte, wurde sie beinahe unter den herabstürzenden Papiermassen begraben.

Herrn Fischbeins gesundheitliche Probleme wurden mit der Zeit immer größer. Sein Unterricht bestand bald nur noch darin, dass wir in den Zeitungen nach interessanten Themen suchten. Daher verbündeten sich allmählich Eltern und Lehrer gegen ihn und versuchten, ihn in den vorzeitigen Ruhestand zu drängen. Und tatsächlich: Wie durch ein Wunder wurde Herr Fischbein aus dem aktiven Lehrdienst entlassen. Doch wie in Grimms Märchen vom süßen Brei vermehrten sich die Zeitungen immer weiter. Aus irgendeinem Grund konnte die Schulleitung das Abonnement nicht kündigen. Jeden Morgen hofften die Lehrer, dass sie keinen Berg Zeitungen mehr in der Schule vorfinden würden, doch drei Monate lang wurden sie enttäuscht. Manche kamen sogar früher, um die Stapel vor Unterrichtsbeginn wegzuräumen, aber das brachte nicht viel. Denn fast immer waren ihnen Schüler zuvorgekommen, die sich schon packenweise Zeitungen für ihre Klasse gesichert hatten.

Mit Herrn Fischbeins Ausscheiden aus dem Schuldienst fehlte uns jetzt also ein weiterer Lehrer – diesmal für Politik und Wirtschaft und Chemie. Man fackelte also nicht lange und suchte schnell eine neue Lehrkraft für diese beiden Fächer. Frau Kühnle übernahm den Unterricht in Politik und Wirtschaft, doch für Chemie war so plötzlich kein neuer Lehrer verfügbar. Deswegen kam Frau Dahler erneut ins Spiel. Sechs Stunden die Woche mit Frau Dahler, haufenweise Zeitungen überall und die Tatsache, dass wir jetzt in zwei wichtigen Fächern keinen nennenswerten Unterricht mehr hatten – das trug natürlich keinesfalls zur Besserung der Situation bei.

Zu Frau Dahlers Verteidigung sei gesagt, dass sie von vornherein keine guten Voraussetzungen vorgefunden hatte, denn unsere Klasse war neu zusammengestellt worden. Nach der 8. Klasse hatten wir uns zwischen Französisch, Altgriechisch und Informatik entscheiden müssen. Ich hatte Französisch gewählt und war in einer Klasse mit sehr vielen guten Schülern gelandet. Jedoch hatten wir einige Lehrer zugeteilt bekommen, die den Ruf hatten, höchst zweifelhafte Unterrichtsmethoden anzuwenden. Anscheinend hatte die Schulleitung gehofft, dass bei uns »Strebern« keine Probleme auftreten würden. Das stellte sich ja nun als Trugschluss heraus. Das größte Problem einer neu zusammengewürfelten Klasse ist der unterschiedliche Wissensstand der Schüler. Die Klasse, in der ich zuvor gewesen war, hatte im Gegensatz zu den beiden Parallelklassen keinen richtigen Chemielehrer gehabt. Stattdessen waren wir von einem pensionierten Chemiker unterrichtet worden. Wahrscheinlich hatte der uns überschätzt oder schlichtweg vergessen, dass das Jahr, in dem er uns unterrichtete, unser erstes Schuljahr in Chemie war. Denn irgendetwas hatte ihn dazu veranlasst, den Stoff der 13. Klasse durchzunehmen – und das mit Schülern, die noch nicht einmal mit dem Periodensystem umgehen konnten. Kurz gesagt: Wir lernten gar nichts und folglich war unser Basiswissen, das wir im darauffolgenden Schuljahr brauchten, beschränkt.

Nun versuchte also Frau Dahler, uns etwas beizubringen, was nicht funktionieren konnte. In unserem Chemieraum hing neben der Tafel ein Telefon, das dazu gedacht war, im Falle eines Chemieunfalls Hilfe zu holen. Als es einmal mitten im Unterricht klingelte, erschreckte sich Frau Dahler heftig.

»Gehen Sie doch ran, das ist bestimmt die Schulleitung«, rief Fabian und alle stimmten mit ein. »Wenn es nicht wichtig wäre, würden die doch nicht anrufen.«

Hastigen Schrittes lief Frau Dahler zum Telefon und nahm den Hörer ab. »Hallo? Hallo? Ist da jemand?«, fragte sie zaghaft.

Wir bekamen uns vor Lachen gar nicht mehr ein, denn wir hatten einfach das Handy eines Schülers in der vorderen Reihe klingeln lassen. Erstaunt blickte Frau Dahler in die Klasse. Allem Anschein nach hatte sie noch nicht begriffen, dass das Telefon gar nicht geklingelt hatte und niemand mit ihr sprechen wollte. Der Trick mit dem Notfalltelefon funktionierte noch einige weitere Male, bis sie schließlich auf die Lösung des Rätsels kam und das Klingeln von da an ignorierte – ebenso wie die Kameras und Handys, mit denen wir sie während des Unterrichts filmten.

Dass wir es waren, die die Konsequenzen tragen mussten – nämlich, dass wir die Grundlagen, auf die der weitere Unterricht aufbaute, nicht lernten –, war uns zwar bewusst, dennoch bemühten wir uns nicht, mitzuarbeiten. Zu groß war die Verlockung, den Unterricht zu stören. Da Frau Dahler uns ein Vierteljahr lang unterrichtete, schrieben wir bei ihr auch eine Arbeit, in der sie das abfragte, was sie uns anhand ihrer

»Waschzettel« beigebracht hatte. Niemand hatte im Unterricht aufgepasst und so versuchten wir, uns den Stoff notdürftig zu Hause anzueignen. Immerhin sollte die Note so viel wie die jeder anderen Arbeit zählen. Als wir den Test dann tatsächlich schrieben, war die Klasse genauso aufgedreht wie immer. Wenn jemand etwas nicht wusste, fragte er einfach seinen Banknachbarn. Manche liefen sogar durch die Klasse und tauschten mit anderen Lösungen aus. Das verhalf uns jedoch nicht zu guten Noten. Die meisten erhielten eine 4 von Frau Dahler. Bei vielen ergab sich die schlechte Note daraus, dass sich ihr Rechenweg, der ebenfalls zum richtigen Ergebnis führte, von dem unterschied, den Frau Dahler auf ihrem Lösungsblatt hatte. Das erfuhren wir aber erst, nachdem die Aushilfslehrerin die Schule bereits verlassen hatte.

Denn nach den Herbstferien bekamen wir nun endlich unseren eigentlichen Lehrer. Der musste den kompletten Stoff, den wir bei Frau Dahler behandelt hatten, mit uns wiederholen. Das tat er in einer solchen Geschwindigkeit, dass ich nach einigen Stunden den Überblick verlor und zum ersten Mal in meinem Leben Probleme mit Mathe hatte. Hinzukam, dass sich auch Herr Schwarz nicht gegen unsere Klasse durchsetzen konnte. Es war einfach zur Gewohnheit geworden, dass die Mathestunden dazu da waren, sich gehen zu lassen.

In Chemie sah es nach Frau Dahlers Weggang nicht anders aus: Auch hier hatten wir so gut wie nichts gelernt. Das sollte nun ein pensionierter Lehrer richten, der auch schon zuvor an unserer Schule tätig gewesen war. Im Schnellverfahren sollte er uns noch einmal die wesentlichen Inhalte des Chemieunterrichts näherbringen. Und das funktionierte erstaunlich gut – zumindest so gut, dass sich uns das Periodensystem erschloss. Jedoch fehlte uns die Zeit für Übungen und die Vertiefung, was schließlich zur Folge hatte, dass wir den erlernten Stoff schnell wieder vergaßen.

Von diesem Jahr an ging es mit meinen Noten in Chemie und Mathe bergab. Daran war nicht allein die »Unterrichtsgarantie Plus« schuld, die Schule trug einen maßgeblichen Teil dazu bei. Für sie hatte das Scheitern der Aushilfslehrer eine höhere Priorität als unsere Ausbildung. Den Aushilfslehrern wurden absichtlich Steine in den Weg gelegt. Sie durften sich beispielsweise keine Bücher aus der Schulbibliothek ausleihen, um den Unterricht besser vorzubereiten und an den Lehrplan anzupassen. Sie wurden von den Lehrern nicht beraten und es wurde auch kein Rahmenplan für den Unterricht erstellt. Auch war es ihnen nicht möglich, sich unbezahlt in Unterrichtsstunden von hauptamtlichen Lehrern zu setzen, um sich pädagogische Methoden abzuschauen. Somit trieben die Schulleitung und das Lehrerkollegium das Scheitern der »Unterrichtsgarantie Plus« voran und waren dafür mitverantwortlich, dass die Einführung des neuen Programms schon im ersten Jahr, dem Schuljahr 2006/07, solch schwerwiegende Folgen nach sich zog.

Die Schwächen des Konzepts und die ablehnende Haltung der Schulleitung und der Lehrer führten schließlich dazu, dass die gesicherte Betreuung zu einem großen Thema im hessischen Wahlkampf 2008 wurde. Einige Parteien wie die SPD und Die Grünen wollten die »Unterrichtsgarantie Plus« abschaffen und sprachen sich stattdessen für Ganztagsschulen aus. Das Gesetz zur Unterrichtsgarantie, das nach einem Entwurf der SPD-Fraktion schließlich geändert wurde, heißt nun »Verlässliche Schule« und besagt, dass alle Schüler bis zur 10. Klasse von 8 Uhr morgens bis 13 Uhr betreut werden müssen. Auch können weiterhin ungelernte Kräfte als Vertretung eingesetzt werden. Was sich im Großen und Ganzen änderte, war also: nichts.

Und auch in Berlin geht der Trend inzwischen zum Ganztagsbetrieb. Nach Grundschulen, die eine ganztägige Unterbringung entweder verpflichtend oder freiwillig anbieten, rüsten jetzt immer mehr Sekundarschulen und Gymnasium auf eine Betreuung am Nachmittag um. So sollen Kinder angeblich individuell gefördert werden können. Doch an meinem Kreuzberger Gymnasium machten sich schon im ersten Jahr nach Einführung eines erweiterten Betreuungsangebotes Probleme bemerkbar: die neue Kantine, in der die Schüler ein warmes Mittagessen kaufen können sollten, wurde erst zwölf Monate nach Beginn der Ganztagsschule fertig. Die jüngeren Schüler, die nachmittags Unterricht hatten, mussten sich die Mittagspause also lange anderweitig vertreiben. An den Spielekisten, die ihnen zur Beschäftigung bereitgestellt wurden, bedienten sie sich kaum. Stattdessen spielten sie im Gang Fangen und Verstecken.

*

Statt zu verhindern, dass durch den Ausfall von 10 Prozent der Unterrichtszeit eine Menge Schulstoff nicht gelehrt werden kann, kümmert man sich lieber darum, dass die Schüler in dieser Zeit betreut in der Schule sitzen. Aber wäre es denn wirklich schlimm, wenn ein Jugendlicher einfach mal ein paar Stunden unbetreut zu Hause vor dem Fernseher sitzt, anstatt Stühle aus dem Fenster eines Klassenzimmers zu werfen? Denn in den Vertretungsstunden, die Laien geben, lernen Schüler nur in den seltensten Fällen etwas. Stattdessen werden diese Stunden zur Geduldsprobe für Lehrer und Schüler gleichermaßen – und kosten den Staat darüber hinaus noch viel Geld.

Ähnlich widersinnig wie die Unterrichtsgarantie ist auch die Ganztagsschule: Eltern sollen Job und Kind leichter unter einen Hut bekommen können, Kinder sollen im Nachmittagsunterricht Anschluss an Klassenkameraden und Lehrer finden. Dafür riskiert man, dass Kinder keine Zeit haben, um sich individuell zu entfalten. Denn durch die Ganztagsschule haben sie weniger Freizeit, die sie für ihre Hobbys nutzen können, weniger Freizeit, um herauszufinden, was sie ausmacht, woran sie Freude haben.

Und damit ist nun wirklich niemandem geholfen: Besondere Fähigkeiten werden nicht mehr gefördert, stattdessen wird jede Klasse zu einer homogenen Masse. Und außerdem: Wann sollen die Eltern ihre Kinder noch erziehen, wenn sie sie nie sehen?

Was ich daraus gelernt habe:

Bildung hat an Schulen nicht immer oberste Priorität! Und: Fähiges Personal ist schwer zu finden.

Was ich Schülern rate:

Macht andere Lehrkräfte und die Schulleitung gezielt auf Probleme mit Vertretungslehrern aufmerksam! Begnügt euch nicht damit, während der Unterrichtszeit unterhalten zu werden. Es ist auch eure kostbare (Lern-)Zeit, die verschwendet wird!

Was sich ändern sollte:

Die Fächer am Vormittag sollten von fachkundigen und kompetenten Lehrern unterrichtet werden. Sonst breitet sich das Chaos, das am Morgen beginnt, schnell auch auf andere Stunden aus. Um berufstätige Eltern zu entlasten, könnten außerdem vermehrt Aufenthaltsräume eingerichtet oder Arbeitsgemeinschaften gegründet werden, bei denen keine Anwesenheitspflicht herrscht. So könnten Schüler je nach Bedarf und Interesse entscheiden, ob sie diese besuchen möchten, und sogar noch etwas dazulernen.

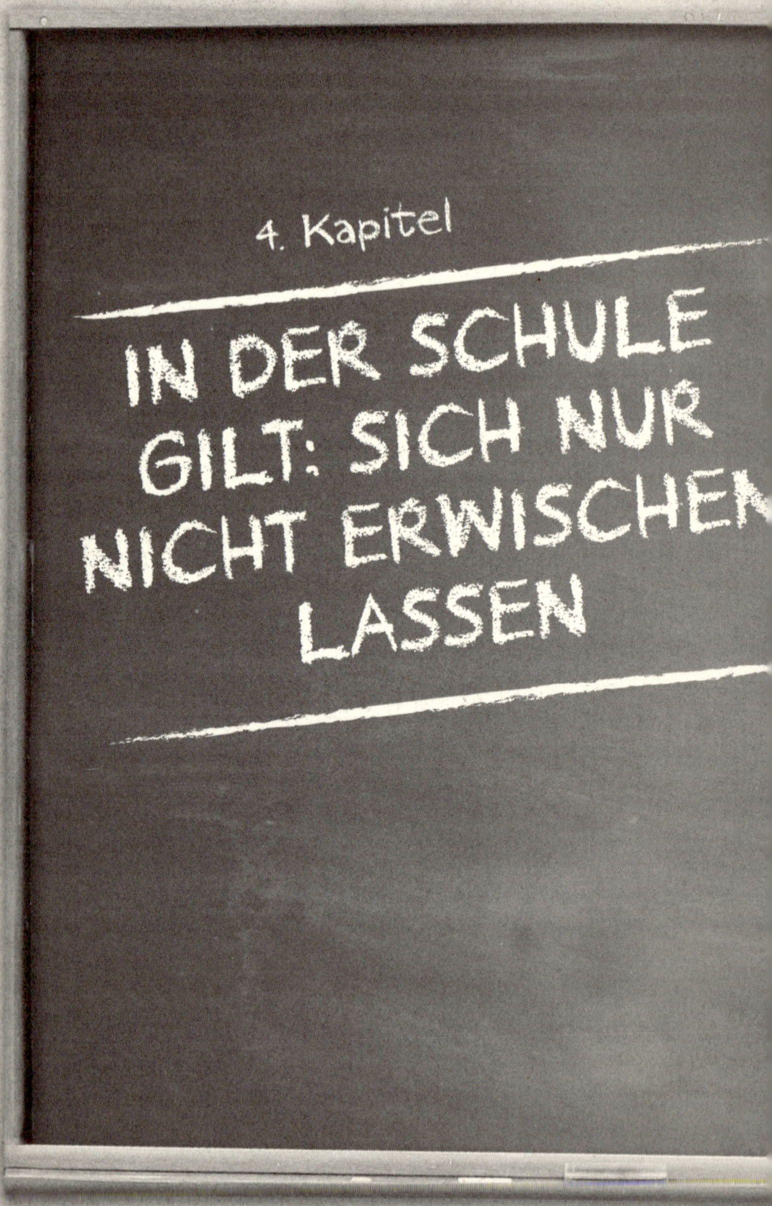

4. Kapitel

IN DER SCHULE GILT: SICH NUR NICHT ERWISCHEN LASSEN

Ich hasse die Schule,
weil Sanktionen gegenüber
Schülern zu wenig oder
willkürlich eingesetzt werden

Da unsere Klasse außer Kontrolle geraten war, waren sich die Lehrer inzwischen einig, dass es an der Zeit war, über Konsequenzen nachzudenken.

»Sagen Sie uns doch mal die Namen von denjenigen, die Sie im Verdacht haben, den Unterricht zu stören«, forderte Antoine.

»Nein, ich werde keine Namen sagen«, beharrte Frau Doebel.

»Aber was spricht denn dagegen?«, erwiderten wir im Chor.

»Ich werde einfach keine Namen nennen.« Frau Doebel verschränkte ihre Arme vor der Brust.

»Aber vielleicht verdächtigen Sie ja die Falschen«, riefen einige. Doch mit unserer Klassenlehrerin war nicht zu reden.

Das Thema Bestrafung wurde dieser Tage hitzig diskutiert, weil ein Vater auf einem Elternabend die »Eliminierung« der Schüler gefordert hatte, die für das Chaos in der Klasse verantwortlich waren. Die Situation in den Unterrichtsstunden war schon öfter Programmpunkt auf Elternabenden und Lehrerkonferenzen gewesen, denn die – euphemistisch ausgedrückt – Unruhe in unserer Klasse machte das Lernen in einigen Fächern nahezu unmöglich.

In Kunst war dies inzwischen auch der Fall. Wir wurden von Frau Gabriel unterrichtet, die hauptberuflich Künstlerin und nicht Lehrerin war.

Fachlich war sie sehr wohl professionell, pädagogisch herrschte bei ihr allerdings Nachholbedarf. Und die architektonischen Besonderheiten des Kunstraumes verstärkten das Gefühl der Schüler noch, dem Unterricht nicht folgen zu müssen: Der Raum befand sich im Untergeschoss des Schulhauses, war relativ kurz, zog sich dafür umso mehr in die Breite. Dadurch hatten einige Schüler von ihrem Sitzplatz aus kaum eine Chance, die Tafel zu sehen. Außerdem war die freie Sicht nach vorn (und auch von vorn nach hinten) durch Säulen stark eingeschränkt. Manche Schüler hatten also keine Möglichkeit, von der Tafel abzuschreiben.

Und Frau Gabriel bemerkte nicht, was sich in den versteckten Winkeln des Raumes abspielte. Das war ein Nachteil. Wie bereits erwähnt hatten es sich einige Schüler aus meiner Klasse während des Unterrichts mit Frau Dahler angewöhnt, in den Pausen Lebensmittel zu kaufen und diese dann während des Unterrichts mit dem Schlachtruf »Brot für die Welt« quer durch den Raum zu werfen. Frau Gabriel war davon nicht besonders angetan. Verhindern konnte sie es jedoch auch nicht. Ebenso wenig wie dass der Abfluss des Waschbeckens mit Klebeband zugeklebt wurde. Erst durch ein leises Plätschern bekam Frau Gabriel mit, dass eine Überschwemmung im Klassenraum drohte.

Ein anderes Mal wurde eben jenes Klebeband zwischen den Säulen des Raumes aufgespannt und die Tür damit zugeklebt. Und als wir den Klassenraum betraten, schimmerte die ganze Tafel merkwürdig. Bei näherer Betrachtung stellten die Lehrer fest, dass Öl über die komplette Fläche gegossen worden war. Wieder einmal wurde der Verantwortliche gesucht, doch die Tat konnte niemandem nachgewiesen werden und so mussten die Lehrer einige Tage mit einer kaum beschreibbaren Tafel auskommen, bis sich das Öl nach und nach wieder herunterwischen ließ.

In den Mathestunden war es mittlerweile zur Gewohnheit geworden, sich mit allen anderen Dingen als Mathe zu beschäftigen und Herrn Schwarz' Hoffnung, dass nach einigen Wochen wieder Frieden einkehren würde, hatte sich nicht erfüllt.

Herr Schwarz war die gute Seele der Schule. Dennoch wurde er im Laufe der Zeit immer mehr zum Opfer fieser Streiche. So musste er es wohl oder übel erdulden, dass der Tafelschwamm aufgeschnitten und darin ein altes Handy versteckt wurde, das dann im Unterricht plötzlich zu klingeln anfing. Und ein anderes Mal nahmen Antoine und einige andere den Spruch »Michael hat 'nen kleinen Penis« als Klingelton auf. Das Handy legten sie dann hinter den Lautsprecher, der über der Tafel hing. Als Herr

Schwarz, der mit Vornamen Michael hieß, uns gerade etwas über Exponentialfunktionen erklärte, riefen sie das Handy an und es schallte »Michael hat 'nen kleinen Penis« durch die Klasse. Alle lachten.

»Da erlaubt sich Herr Wuhlmann wohl einen kleinen Streich!«, rief Antoine, denn es hatte so geklungen, als wäre der Spruch aus dem Lautsprecher gekommen. Herr Schwarz lief vor Wut feuerrot an, doch den Schuldigen konnte er nicht ermitteln.

»Ich bin ein Trittbrettfahrer!«, rief Dominik grinsend, als er von seinem Gespräch mit dem Direktor zurückkehrte. Die Schulleitung hatte sich nun endlich Strafen für das Fehlverhalten einiger Schüler einfallen lassen und diese in zwei Kategorien aufgeteilt: in die »Drahtzieher« und die »Trittbrettfahrer«. Auf den »Drahtziehern« lag besonderes Augenmerk, denn sie waren es, die beschuldigt wurden, den Tumult in der Klasse ausgelöst zu haben. Um ihnen mitzuteilen, wie sie eingestuft wurden, wurden die fünf Schüler an einem Vormittag aus dem Unterricht geholt und zu einem Gespräch mit dem Schulleiter bestellt.

Zuerst herrschte Beunruhigung in der Klasse. Niemand wusste, was für Konsequenzen auf die Jungs warteten. Doch als Dominik nach einiger Zeit belustigt zurück zur Klasse stieß, wussten alle, dass es keinen großen Ärger gegeben haben konnte. Nach einiger Zeit kam auch Kevin zurück in die Klasse. »Drahtzieher!«, rief er, obwohl sich seine gute Stimmung in Grenzen hielt. Denn alle Unruhestifter hatten eine Erklärung unterschreiben müssen, dass sie, falls sie erneut den Unterricht stören würden, sofort nach Hause geschickt werden würden.

Wer die fünf Schüler in die beiden Kategorien eingeordnet hatte, blieb unklar. Jedenfalls lag er mit seinen Einschätzung weit daneben: Fabian und Antoine waren es nämlich, die die anderen anstifteten. Kevin war hingegen der typische Mitläufer, der sich öfter erwischen ließ und sich stets uneinsichtig zeigte. So war es Fabian, der mehrere Plastiktüten von verschiedenen Discountern mit in den Klassenraum brachte und Kevin bat, ihm dabei zu helfen, diese bis zum Rand mit Wasser zu füllen. Beim Herausheben aus dem Waschbecken rissen die Tüten und das Wasser ergoss sich über den Boden.

»Meine Güte, was ist denn hier passiert?«, fragte Frau Demmler entsetzt, als sie den Klassenraum betrat. Wir zuckten mit den Schultern. »Kann mir mal jemand sagen, wer das war?«, schrie sie wütend.

Wie es sich gehörte, sagte niemand auch nur ein Wort. Wutentbrannt rannte die Lehrerin aus der Klasse, um Herrn Wuhlmann aufzusuchen und ihm von der Überschwemmung zu erzählen. Einige Minuten später stand der Direktor in unserer Klasse und schlug die Hände über dem Kopf zusammen, der vor Zorn immer röter zu werden schien.

»Das kann doch nicht wahr sein«, rief er. »Der ganze Boden wird aufweichen und die Dielen werden sich wellen. Wer war das?« Die Unversehrtheit des Bodens war ihm offensichtlich wichtig.

»Wenn das jetzt nicht sofort weggewischt wird, saugt das Holz das Wasser auf und wir müssen den Boden im ganzen Klassenraum neu verlegen«, erklärte er. »Ich möchte jetzt, dass sich derjenige meldet, der das Wasser ausgeschüttet hat.«

Zögerlich hob Kevin die Hand.

»Ah, du warst das also«, zischte Herr Wuhlmann.

Kevin machte ein unschuldiges Gesicht.

»Hol sofort einen Lappen vom Hausmeister und Toilettenpapier und mach das Wasser weg«, befahl der Direktor und verließ daraufhin das Klassenzimmer.

Grummelnd schlurfte Kevin zur Tür und kam einige Zeit später mit Putzutensilien zurück, mit denen er sich widerwillig an die Arbeit machte.

»Da sind doch gar keine Wellen entstanden«, rief er enttäuscht, als wir nach einigen Stunden, in denen wir in Fachräumen Unterricht gehabt hatten, in unser Klassenzimmer zurückkehrten.

»Schade, ich hätte zu gern gesehen, wie das ausgesehen hätte, wenn sich der Boden so schlimm gewellt hätte, wie der Wampen-Walter das gesagt hat«, sagte Kevin und alle lachten. »Wampen-Walter«, so nannten einige Schüler unseren Direktor. Das alles ging auf eine Stunde in Deutsch zurück, in der Frau Demmler versucht hatte, uns stilistische Mittel näherzubringen. Sie hatte Kevin aufgefordert, ihr eine Alliteration zu nennen.

»Walter Wuhlmann«, hatte Kevin nach kurzem Nachdenken gerufen. Schon damals war er ein Stammgast im Büro des Direktors gewesen.

»Genau«, hatte ihn Frau Demmler gelobt.

»Oder Wampen-Walter!«, hatte Kevin nachgelegt und damit einen Spitznamen für unseren korpulenten Direktor erfunden. Den wurde Herr Wuhlmann seither nicht mehr los.

Kevin war meistens der, der die Schuld bekam – auch wenn andere Mitschüler ihn zu seinen Untaten ermuntert hatten oder er selbst nur am Rande beteiligt gewesen war. Er trug zwar zum Chaos in der Klasse bei, provozierte es jedoch nicht im besonderen Maße. Dafür waren andere zuständig – zumindest bis Kevin als »Drahtzieher« klassifiziert wurde. Denn von nun an war es um ihn geschehen.

Er dachte sich vermutlich, dass er sich jetzt, da er ohnehin schon als »der Böse« dastand, auch so verhalten konnte. Er versuchte gar nicht mehr, seine Verfehlungen zu verschleiern, sondern gab das meiste einfach zu. Der Ärger, den er dadurch bekam, animierte ihn aber nicht dazu, sich zu mäßigen. Im Gegenteil, er wurde immer verhaltensauffälliger und war im Unterricht kaum mehr zu bändigen. Er weigerte sich mitzuarbeiten. Zu den Französischstunden brachte er nicht einmal mehr die nötigen Bücher und Hefte mit.

»Kevin, lies doch bitte mal den Text auf Seite 25 vor«, forderte ihn Frau Doebel auf.

»Ich habe kein Buch«, erwiderte er.

»Lies das trotzdem vor!«, meinte Frau Doebel und wollte damit andeuten, dass er sich das Französischbuch von einem seiner Sitznachbarn leihen sollte.

»Ich habe kein Buch«, beharrte Kevin.

»Lies das trotzdem!«

So ging es eine Weile hin und her, bis Kevin nachgab und sein Religionsbuch aus seiner Schultasche hervorzog und begann, daraus vorzulesen.

Frau Doebel hörte ihm anscheinend gar nicht zu, denn sie merkte nicht, dass die Sprache, die Kevin sprach, nicht Französisch war. Erst als er laut »Schalom« sagte, erkannte sie, dass sie getäuscht worden war und die Klasse, die sich vorher noch bemüht hatte, nicht in lautes Gelächter auszubrechen, prustete nun los.

Wenn Kevin nicht aufhörte zu reden und vom entsprechenden Lehrer vor die Tür geschickt wurde, verließ er einfach das Schulgebäude oder trat von außen immer wieder gegen die Tür, sodass der Unterricht nur noch bedingt möglich war.

Manchmal weigerte er sich auch, nach draußen zu gehen, und die Lehrer mussten erst damit drohen, den Direktor zu benachrichtigen. Mehrere Male wurde er für den Rest des Tages vom Unterricht ausgeschlossen, was jedoch keine große Strafe für den 15-Jährigen darstellte. Kevin freute sich darüber und das Einzige, was er vielleicht bedauerte, war, dass er den Unterricht jetzt nicht mehr stören konnte.

Mit der Zeit wurde Kevin immer öfter suspendiert. Deshalb wurde über weitere Konsequenzen nachgedacht. In einer Klassenkonferenz beschloss man schließlich seinen Verweis. Doch mit seinem Rauswurf war es noch nicht zu Ende, denn so schnell wurden wir Kevin nicht los.

Eines Tages kam er vor einer Französischstunde vorbei und versteckte sich im Klassenschrank. Frau Doebel begann ihren Französischunterricht auf die gewohnt träge und unmotivierte Art und Weise, als plötzlich Furzgeräusche und Poltern aus dem Schrank zu hören waren.

»Was war das denn?«, wunderte sich Frau Doebel.

Ein klopfendes Geräusch hallte durch den Klassenraum, in dem es nach Kevins Rauswurf spürbar ruhiger geworden war. Frau Doebel blickte Cecilie an, die dem Schrank am nächsten saß. Diese zuckte mit den Schultern und gab der Lehrerin so zu verstehen, dass sie nicht die Verursacherin des Klopfens gewesen war.

Als Frau Doebel wieder zur Tagesordnung überging und wollte, dass wir einen Text aus dem Buch vortrugen, polterte es erneut und wieder konnte sie sich keinen Reim darauf machen, wo das Geräusch herkam. Das ging noch einige Zeit so, bis sie sich mühselig an ihrem Lehrertisch hochzog und auf den Schrank zustapfte. Es herrschte eine aufgeregte Spannung in der Klasse. Würde sie Kevin entdecken?

Ihre schweren, schlurfenden Schritte waren es, die Kevin alarmierten. Mit einem festen Tritt ließ er die Schranktüren aufschwingen und sprang ihr entgegensprang. »Ha!«, rief er und die Überraschung stand Frau Doebel ins Gesicht geschrieben.

Ein anderes Mal tauchte Kevin im Physikunterricht auf. Als Frau Dieske die Tür zum Fachraum aufschloss, huschte er einfach mit hinein und setzte sich wie ein gewöhnlicher Schüler auf einen der mittleren Plätze.

»Kevin, was machst du denn hier?«, fragte Frau Dieske erstaunt, als sie ihn bemerkte.

»Ich habe gerade in meiner neuen Schule Freistunden und da wollte ich meine alte Klasse besuchen«, erklärte er.

»Okay, wenn du nicht störst, kannst du bleiben«, erlaubte Frau Dieske. Auch wenn sie sich zu diesem Zeitpunkt wahrscheinlich schon denken konnte, dass Kevins Anwesenheit nichts Gutes bringen würde.

Keine fünf Minuten war Kevin ruhig, dann begann er lautstark eine Konversation mit seinen ehemaligen Mitschülern.

»Kannst du bitte leise sein, wenn du dich schon hier in den Unterricht setzt«, herrschte ihn Frau Dieske an.

Doch Kevin dachte gar nicht daran, ihrer Aufforderung nachzukommen. Nach einiger Zeit und einigen erfolglosen Appellen rastete Frau Dieske aus und befahl allen, den Klassenraum zu verlassen. Sie wollte Herrn Wuhlmann holen. Doch während sie uns vor dem Fachraum warten ließ, den wir wegen der teuren Ausrüstung nicht unbeaufsichtigt betreten durften, sprachen wir eine Strategie ab: Kevin würde sich irgendwo verstecken und wir würden behaupten, dass er nie dagewesen sei und sich Frau Dieske alles nur eingebildet hatte.

Tatsächlich probierten wir es mit dieser Lüge. Aber Herr Wuhlmann glaubte uns nicht und erteilte Kevin ein endgültiges Hausverbot.

In der folgenden Zeit ging es in den meisten Stunden gesitteter zu. Kevin hatte als abschreckendes Beispiel gedient. Niemand wollte von der Schule fliegen. Und so verhielten sich die eigentlichen Anstifter und Hauptverantwortlichen nun ebenfalls ruhiger.

Sie waren glücklich, ungeschoren davongekommen zu sein. Mit Kevin hatte man jemanden von der Schule geworfen, der eigentlich nur die Aufmerksamkeit seiner Klassenkameraden gesucht hatte und von anderen ausgenutzt worden war. Das war allen klar.

Doch nicht genug, dass die ursprünglichen Unruhestifter nicht nur nicht bestraft wurden, einige von ihnen wurden sogar noch belohnt: Fabian durfte an einem dreiwöchigen Schüleraustausch teilnehmen, den die Schule organisierte. Insgesamt wurden zu diesem Aufenthalt in den USA zwölf Schüler aus zwei Jahrgängen ausgewählt – die Zahl der Bewerbungen war riesig gewesen.

»Wir berücksichtigen bei der Auswahl auch das Benehmen in der Schule«, war uns von der verantwortlichen Lehrerin versichert worden.

Aber dem war wohl nicht so gewesen: Alle Namen waren auf Zettel geschrieben und in einen großen Topf geworfen worden, dann hatte jemand die Gewinner gezogen. Und Fabian hatte Glück gehabt. Er durfte nach Amerika, obwohl er als einer der »Drahtzieher« eingestuft worden war. Das stieß bei den meisten meiner Klassenkameraden auf Unverständnis und Kritik, zumal sich viele andere beworben hatten, die weitaus bessere Noten hatten und noch nie negativ aufgefallen waren. Tatsächlich wechselte ein Schüler nach diesem Vorfall auf ein Elite-Internat, da ihm die Zustände an unserer Schule, die sich doch die »Begabtenförderung« groß auf die Fahne geschrieben hatte, nicht mehr gefielen. Obwohl er nur Einsen schrieb und auf alles eine passende Antwort wusste, hatte man ihn für den Austausch nicht ausgewählt.

Eine andere Gelegenheit, Schüler zu bestrafen – oder es sein zu lassen – bot sich den Lehrern, wenn es schneite. Vor allem die Jüngeren ließen sich zu Schneeballschlachten hinreißen und die waren auf dem ganzen Schulgelände untersagt. Doch an das Verbot hielt sich niemand.

Jedes Mal wenn eine Lehrkraft über den Schulhof patrouillierte, wurden die Kampfhandlungen vorübergehend eingestellt und so ließ sich kaum jemand auf frischer Tat ertappen. Und wurde doch mal einer beim Werfen erwischt, erfolgte lediglich eine kurze Standpauke oder eine kleine Ermahnung, die meist wenig Wirkung zeigte. Anders war es am Gymnasium meines vier Jahre jüngerer Bruders: Er musste nach einem Schneeballwurf die komplette Schulordnung abschreiben, womit er den ganzen Nachmittag beschäftigt war. Am nächsten Morgen ließ er die seitenfüllende Strafarbeit in das Fach des entsprechenden Lehrers legen. Der klopfte einige Stunden später an der Tür des Raumes, in dem mein Bruder Unterricht hatte, um mit ihm zu reden.

»Ich wusste gar nicht, dass die Schulordnung so lang ist«, entschuldigte er sich.

Mein Bruder wusste nicht so recht, was er antworten sollte.

Also fuhr der Lehrer fort: »Sonst machen das die Schüler wirklich nie.«

Eine andere sehr beliebte Bestrafungsmethode ist die Verteilung von Tadeln.

Ein Tadel wird bei besonders schlimmen Verstößen gegen die Schulordnung oder gegen allgemeingültige Verhaltensregeln ausgesprochen und in der Akte des entsprechenden Schülers festgehalten. Wenn ein Schüler mehr als drei Tadel in der gesamten Schulzeit erhält, wird er der Schule verwiesen – so lautet zumindest die offizielle Regelung.

Tatsächlich hielt sich während meiner Schulzeit niemand daran.

Einige Schüler hatten schon in der 9. Klasse mehr als drei Tadel. Bei ihnen wurde ein Schulverweis, der eigens von einer Lehrerkonferenz hätte beschlossen werden müssen, nicht einmal in Betracht gezogen.

Außerdem war nicht einmal klar geregelt, was die Voraussetzungen für einen Tadel waren. Einige Lehrer verteilten Tadel wie Hausaufgaben, bei anderen mussten schon triftige Gründe vorliegen.

Eine Klassenkameradin schrieb eine komplette Lateinklausur von ihrem Banknachbarn ab. Weil jedes einzelne Wort identisch war, kam die Lehrerin diesem Betrug relativ schnell auf die Schliche und gab dem Mädchen sowohl eine 6 als auch einen

Tadel. Einem anderen Lehrer genügte es hingegen schon, wenn ein Schüler nach ein paar Aufforderungen, leise zu sein, weiterhin redete.

*

Welche Wirkung hat es auf Schüler, wenn sich Lehrer kaum Gedanken über Strafen machen? Sanktionen sind immerhin dazu da, um Schülern beizubringen, dass man sich an bestimmte Richtlinien halten muss – und das nicht nur in der Schule, sondern auch im späteren Leben.

Und so ist es doppelt schlimm, wenn der eine nicht bestraft und stattdessen ein anderer zur Rechenschaft gezogen wird. Denn wenn schon Lehrer in einem so kleinen Rahmen wie einer Klasse nicht in der Lage sind, die Verantwortlichen für das Chaos zu erkennen, wie soll dann ein Richter erkennen, ob jemand ein Verbrechen begangen hat? Wie soll man an die Gerechtigkeit in einem Staat glauben, wenn schon der »Richter« im Mikrokosmos Schule versagt?

Was ich daraus gelernt habe:

Im Zweifel für den Angeklagten gilt in der Schule nicht. Denn meist ist es einfacher, ein Exempel an irgendeinem Schüler zu statuieren, als nach den wahren Schuldigen zu suchen.

Was ich Schülern rate:

Schließt euch zusammen, um gemeinsam gegen ungerechte Sanktionen vorzugehen. Niemand verdient es, bestraft zu werden, wenn er nichts getan hat.

Was sich ändern sollte:

Lehrer sollten sich mehr Gedanken über die Ursachen von Chaos im Unterricht machen und nicht nur die Symptome bekämpfen! Sanktionen sollten schnell nach den jeweiligen Verfehlungen beschlossen werden und alle betroffenen Parteien sollten die Möglichkeit haben, sich zu den Geschehnissen zu äußern.

5. Kapitel

VERSCHLIMMBESSERUNGEN SIND AN DER TAGESORDNUNG

Ich hasse die Schule, weil Reformen im Schulsystem oft vollkommen undurchdacht sind

Mein zwölfjähriger Bruder kam kurz nach mir nach Hause und warf seinen Rucksack in die Ecke. »Hast du das Essen fertig?«, fragte er meine Mutter und setzte sich an den Tisch. Hastig löffelte er seine Suppe, warf einen Blick auf die Uhr und stellte fest: »Ich muss los«. Er legte seinen Löffel neben den noch halb vollen Teller, zog einige Bücher aus seinem Rucksack, meine Mutter reichte ihm andere, dann rannte er zur Tür hinaus. Ich sah nur noch, wie er mit seinem Rad davonbrauste – wieder zurück zur Schule. Es lagen noch zwei Stunden Französisch vor ihm. Ich ging unterdessen in mein Zimmer und setzte mich vor meinen Fernseher, denn für mich war der Schultag schon lange beendet.

Nach der Einführung des G8 war dies ein typischer Nachmittag im Hause Cismak. Durch die Reform wurde die Zeit, die Schüler auf dem Gymnasium verbringen, von neun auf acht Jahre verkürzt. Der Grund: Deutschland soll im europäischen und internationalen Vergleich mithalten können. Vor allem in den Nachbarländern Belgien, Österreich und der Niederlande ist es schon lange üblich, mit 18 Jahren das Abitur oder einen gleichwertigen Abschluss zu erwerben. In Deutschland lag das Regelalter bis 2004 bei 19 Jahren – vorausgesetzt, man verzichtete auf Ehrenrunden und lebte nicht in Thüringen oder Sachsen. Denn dort war es zu Zeiten der DDR gang und gäbe, dass das Abitur nach zwölf Jahren abgelegt wurde.

Um trotzdem nicht auf wichtige Unterrichtsinhalte verzichten zu müssen, hatte die Schule bis zur Wende auch samstags stattgefunden, wodurch den Kindern allzu lange Schultage erspart geblieben waren. Den Samstagsunterricht hatte man nach der Einheit aufgegeben, nicht jedoch das achtjährige Gymnasium. In Thüringen und Sachsen waren die Schüler also seit jeher ein Jahr früher mit dem Abitur fertig als alle anderen. In Mecklenburg-Vorpommern und Sachsen-Anhalt hatte man die Gymnasien zwischenzeitlich auf dreizehn Jahre umgestellt, war jedoch bald wieder zu dem altbewährten Konzept zurückgekehrt.

Anders als in den neuen Bundesländer erforderte das achtjährige Gymnasium in Hessen jedoch eine große Umstellung. Die Unterrichtsinhalte des eingesparten Jahres müssen nun bereits in der Unter- und Mittelstufe vermittelt werden. Das hat zur Folge, dass Kinder jetzt mehr Wochenstunden und Nachmittagsunterricht haben. Denn bis zur Erlangung der Hochschulreife müssen sie das gleiche Pensum erfüllen wie die Jahrgänge vor ihnen – nur in kürzerer Zeit. Statt der 29 Unterrichtsstunden, die ich pro Woche hatte, kommt mein kleiner Bruder so im Durchschnitt auf 33.

Und nicht alle Kinder haben einen so kurzen Schulweg wie er. Viele nehmen längere Fahrzeiten auf sich, weil ihr Elternhaus entweder abgelegen ist oder weil ihnen das Gymnasium in einiger Entfernung besser gefällt. Diese Schüler können dann nicht in den Mittagspausen nach Hause, um dort zu essen. Doch bei der Einführung des G8-Systems gab es in vielen Schulen noch keine Schulspeisung oder zumindest entsprechende Räume, entsprechendes Personal oder Zulieferer. Die ganze Infrastruktur musste erst aufgebaut werden und das kostete und kostete. So musste meine Schule sogar Räume außerhalb des Schulgeländes anmieten, um ein Mittagessen anbieten zu können.

Als der Raum nach längeren Renovierungsarbeiten endlich in Betrieb genommen werden konnte, war die Freude bei vielen Schülern groß. Nun mussten sie sich nicht mehr in der einstündigen Mittagspause unerlaubt vom Schulgelände entfernen, um sich in einem der nahegelegenen Lokale eine warme Mahlzeit zu besorgen. Stattdessen konnten sie gemeinsam mit ihren Klassenkameraden in die Schulkantine gehen. Das Essen kostete pro Tag ungefähr 3,50 Euro und musste von den Eltern selbst bezahlt werden. Schüler aus ärmeren Haushalten stellte dies vor ein Problem, einige Eltern hatten einfach nicht so viel

Geld übrig. Zudem erhöhten sich die Kosten mit der Zeit noch – während die Qualität fortwährend schlecht war. So bekam ich eine Szene auf dem Schulhof mit:

»Ich habe Hunger. Hat jemand etwas zu essen dabei?«, klagte ein Junge beim Sportunterricht, der auf einem Platz außerhalb des Schulgeländes stattfand.

»Ja«, rief ein anderer und kramte so lange in seinem Rucksack, bis eine große Ketchupflasche zum Vorschein kam. »Ich habe Ketchup dabei.«

Ein Mädchen starrte den Jungen verwundert an. »Warum hast du denn eine Flasche Ketchup mit?«, wunderte es sich.

»Weil ich das immer auf das Essen in der Schule mache. So lange, bis es gut schmeckt«, erklärte er.

Mein Bruder hatte Glück, denn wir wohnten nur zehn Minuten mit dem Rad von der Schule entfernt. So konnte er in der Mittagspause nach Hause kommen, wo er ein warmes Mittagessen bekam, seine Schulbücher abladen und diese gegen neue austauschen konnte. Es war nämlich auch keine Seltenheit, dass der Schulranzen durch die vielen Bücher, die im Unterricht benötigt wurden, mehr als zehn Kilogramm wog.

Diese Zustände sind und waren bereits oft Thema bei Elternabenden. Die Klassenlehrerin meines Bruders sah keinen Handlungsbedarf, denn auch sie habe eine Sechzig-Stunden-Woche, wie sie betonte. Da könne eben auch etwas Einsatz von den Kindern verlangt werden. Was sie in diesen sechzig Stunden pro Woche machte, konnte sie den Eltern beim besten Willen nicht erklären. Lehrer unterrichten selbst bei einer Vollzeitstelle höchstens 31 Stunden wöchentlich. Hinzukommen zwar noch die Unterrichtsvor- und Nachbereitungen, die können jedoch kaum dieselbe Zeit beanspruchen wie der eigentliche Unterricht.

Als mein Bruder an einem Nachmittag gegen halb fünf nach Hause kam, war er völlig erschöpft von dem langen Schultag.

»Hast du Hausaufgaben auf?«, rief meine Mutter und zog ein paar dicke Hefte aus seinem Rucksack hervor.

»Ja, ein paar«, antwortete er und gesellte sich zu mir in mein Zimmer.

»Das sind doch nicht nur ein paar. Du hast in fast jedem Fach etwas auf und für morgen musst du doch auch noch den Vortrag in Erdkunde vorbereiten.« Meine Mutter stand in der Tür und wedelte mit dem Hausaufgabenheft herum.

»Das mache ich später«, grummelte mein Bruder und versuchte, mir die Fernbedienung aus der Hand zu reißen.

Während er seinen Nachmittag in der Schule verbracht hatte, hatte ich meine Hausaufgaben schon erledigt und war im Fitnessstudio gewesen. Jetzt war der Tag für mich beendet und so konnte ich mich dem Fernsehen widmen.

»Auf geht's. Wenn du den Vortrag jetzt nicht vorbereitest, wann willst du das denn dann machen?«, fragte meine Mutter und guckte meinen Bruder argwöhnisch an.

»Auf jeden Fall nicht jetzt«, antwortete er.

Meine Mutter gab sich daraufhin geschlagen. Nach dem Abendessen machte sich mein kleiner Bruder ohnehin an die Arbeit. Ich hatte unterdessen mehr Freizeit. Er musste jetzt noch Französisch lernen, für Biologie ein Arbeitsblatt ausfüllen und das Referat in Erdkunde vorbereiten, ganz zu schweigen von der baldigen Mathearbeit, für die er auch noch das eine oder andere wiederholen musste.

Früher hatte mein Bruder Leistungsschwimmen gemacht. Er hatte an den Hessischen Meisterschaften teilgenommen und war auch sehr erfolgreich gewesen. Vier- bis fünfmal in der Woche war er in das nahegelegene Schwimmbad gefahren, wo er seine Technik verbessert und sich auf weitere Wettbewerbe vorbereitet hatte. Doch das war jetzt vorbei. Mit wachsender Zahl der Unterrichtsstunden hatte er es irgendwann einfach nicht mehr zum Training geschafft. Zuerst konnte er dienstags nicht mehr am

Training teilnehmen, dann ging ihm auch noch der Donnerstag verloren und am Ende hatte er sogar freitags bis zum Nachmittag Unterricht.

»Wenn du nicht mindestens dreimal in der Woche zum Training kommst, musst du leider in die Hobbygruppe«, hatte sein Trainer schließlich gedroht.

Und damit war die Wettkampfkarriere meines Bruders beendet, denn unter der Woche war einfach keine Zeit mehr für Training. Und nicht nur ihm erging es so: Die meisten seiner Freunde im Schwimmverein hatten ebenfalls Probleme, die Schulzeiten mit den Trainingszeiten zu vereinbaren.

Nach einiger Zeit fiel das auch dem Verein auf, denn immer mehr gute Schwimmer gaben den Sport auf. Deshalb wurden die Trainingseinheiten weiter in den Abend verlegt. Mein Bruder konnte nun also wieder zum Schwimmtraining, jedoch bedeutete das, dass er an manchen Tagen erst um halb neun vom Schwimmen nach Hause kam. Das hielt er nicht lange durch: Mit 13 Jahren gab er den Wassersport endgültig auf. Seitdem macht er keinen regelmäßigen Sport mehr, dafür fehlt ihm einfach die Zeit.

Zu groß ist die Belastung durch die hohe Schulstundenanzahl und die daraus resultierende Masse an Hausaufgaben. Denn wenn man drei Fächer an einem Tag hat, kann man auch nur höchstens drei verschiedene Aufgaben aufbekommen, bei sechs Fächern summieren sich die zusätzlichen Hausaufgaben jedoch schnell.

Kurzum: Das »verkürzte Gymnasium« hat bewirkt, dass Kinder kaum noch Freizeit haben und sich auch nur noch selten Aktivitäten widmen können, die Schulen nicht anbieten. Wenn es möglich wäre, den Nachmittag selbst zu gestalten, könnte sich jedes Kind ausprobieren und auch mit Dingen in Kontakt kommen, die in der Schule generell viel zu kurz kommen. Früher hatten nachmittags alle Kinder auf dem großen Hinterhof des Mehrfamilienhauses, in dem wir wohnten, gespielt. Jetzt herrschte Stille, da niemand mehr Zeit zum Toben hatte.

Nachdem mein Bruder sein Hobby aufgegeben hatte, bestimmten Diskussionen über Hausaufgaben mehr und mehr unser tägliches Leben. Meine Mutter drängte immer darauf, dass mein Bruder seine Aufgaben gleich erledigte, doch oft konnte sie sich nicht durchsetzen.

»Ich habe Kopfschmerzen«, klagte mein Bruder regelmäßig, wenn er erst am späten Nachmittag aus der Schule heimkehrte. Dann lief er geradewegs in sein Zimmer, legte sich ins Bett und machte ein Nickerchen. An Hausaufgaben oder sogar Vorbereitungen für Klassenarbeiten war nicht mehr zu denken. Dabei musste er sich, um im Unterricht mitzukommen, dahinterklemmen. Allein das tägliche Pensum an Vokabeln zu schaffen, erforderte große Anstrengungen. In der 5. Klasse hatte mein Bruder gleich mit der ersten Fremdsprache begonnen, in der 6. Klassenstufe war die zweite gefolgt.

2004 hatten die ersten Schulen in Hessen auf das neue Modell umgestellt. Bis zum Schuljahr 2006/2007 war es dann für die restlichen Gymnasien zur Regel geworden. Bei der schnellen Umsetzung waren anfangs jedoch elementare Dinge wie die notwendige Erneuerung der Schulbücher außer Acht gelassen worden.

Das führte dazu, dass es für die ersten beiden Jahrgänge, die mit dem G8-System konfrontiert wurden, noch nicht einmal flächendeckend Schulbücher gab, die entsprechend gekürzt und angepasst worden waren.

Und über einen weiteren Nachteil des »verkürzten Gymnasiums« sprach zu Beginn kaum jemand – und dieser Nachteil betraf nicht meinen Bruder, sondern mich. Lange war ich der Auffassung gewesen, dass ich glimpflich davongekommen war. Ich sollte mich aber irren. Als ich eines Tages das Internet nach Informationen durchforstete, war ich schockiert, als ich erfuhr, dass die Doppeljahrgänge aus Bayern und Niedersachsen ebenfalls 2011 das Abitur ablegen würden – genau wie ich in Berlin. Damit würde sich die doppelte Anzahl an Abiturienten aus diesen beiden großen Bundesländern für Studien- und Ausbildungsplätze bewerben.

Das Einzige, was ich tun konnte, um mir selbst möglichst gute Chancen auf einen der Plätze zu verschaffen war, ein außergewöhnlich gutes Abitur abzulegen.

»Und was für eine Note hast du so für die Präsentation angestrebt?« Frau Sandow guckte mich fragend an.

»Na ja, weniger als 13 Punkte will ich auf keinen Fall bekommen«, antwortete ich ihr.

Und das löste bei der Lehrerin wieder einmal einen verwunderten Gesichtsausdruck aus. »Du meinst dann so 12 Punkte?«

»Nein, unter 13 Punkte will ich auf gar keinen Fall kommen. Ich habe eher 14 oder 15 Punkte angestrebt.«

»Aha. Dann möchtest du also Medizin studieren, wenn du so gute Noten haben willst?« Ihr Gesicht hellte sich auf. Ich konnte förmlich sehen, dass sie sich nun einen Reim darauf machen konnte, warum ich in meiner Abiturprüfung, auf welche ich mich monatelang vorbereitet hatte und die nur aus einer zehnminütigen Präsentation zu einem selbst ausgewählten Thema bestand, eine 1 bekommen wollte.

»Nein, ich möchte eigentlich Jura studieren.« Langsam war ich von ihrer Naivität und Unkenntnis genervt.

»Aber da braucht man doch gar nicht so gute Noten, oder?«

»Man kann ja mit so einer Prüfung noch einiges ausgleichen und den Durchschnitt noch einmal deutlich anheben«, erklärte ich ihr. Bedauerlich, dass ich sie darüber aufklären musste, wo es doch eigentlich andersherum hätte sein sollen.

»Ach so, stimmt, die Punktzahl, die du hier erreichst, wird ja mehrfach gezählt. Trotzdem ... Jura kannst du doch auch mit einer etwas schlechteren Durchschnittsnote studieren«, setzte sie erneut an. »Da ist der Numerus Clausus doch gar nicht so hoch.«

»Im Moment vielleicht noch nicht«, erwiderte ich. »Aber wissen Sie denn, was der Numerus Clausus ist?«, fragte ich sie, denn allmählich hatte ich den Verdacht, dass sie keine Ahnung hatte, wovon sie redete.

»Na ja, die Note, die man für das Studium braucht«, antwortete Frau Sandow jetzt etwas verunsichert, während sie sich eine Zigarette ansteckte.

»Genauer gesagt ist das die schlechteste Durchschnittsnote, mit der man im letzten Jahr für einen Studienplatz zugelassen wurde«, erklärte ich ihr. »Das heißt erstens, dass sich der Numerus Clausus von Jahr zu Jahr ändert und zweitens, dass man sich nicht die allerschlechteste Note, mit der man gerade noch mit viel Glück einen Platz an einer Universität bekommt, als oberstes Ziel setzen sollte. Das ist fast so, als würde man fürs Abitur einen Schnitt von 4,0 anstreben«, erklärte ich. »Wenn man nur einen ganz kleinen Tick schlechter ist, besteht man das Abitur nicht.«

Frau Sandow sah weiterhin verwirrt aus und »Hmm« war alles, was ihr einfiel.

»Außerdem werden dieses Jahr auch die Doppeljahrgänge in Bayern und Niedersachsen fertig. Da kann es sein, dass der Numerus Clausus wegen der vielen Bewerber noch einmal nach oben korrigiert wird und es deshalb gar nichts bringt, sich an dem Wert vom letzten Jahr zu orientieren«, fügte ich hinzu.

Eigentlich brachte es nichts, mit den Lehrern über die knappen Studienplätzen zu sprechen. Die meisten wollten es sowieso nicht verstehen oder sahen es nicht ein, dass wir mehr als eine 2,0 brauchten, um an einen Studienplatz in Berlin zu gelangen. Es war ihnen gar nicht klar, wie verheerend es sein konnte, wenn sie Schüler, die die geforderten Leistungen erbrachten, mündlich mit nur 10 Punkten bewerteten, da dies ja eine gute Note sei.

Denn viele Lehrer glaubten, dass die Noten, die man für einen Studienplatz brauchte, nicht allzu gut sein mussten. Sie hielten eine 3+ für eine gute Note, die nur ein guter Schüler bekam. Einsen vergaben sie nur in seltenen Fällen. Es schien fast so, als schauten die Lehrer nicht über ihren eigenen Schultellerrand hinaus.

So zum Beispiel Frau Mackle, die mich in der 12. Klasse in Englisch unterrichtete. Sie lobte mich jede Stunde aufs Neue für meine guten Englischkenntnisse. Und für diese Anerkennung tat ich auch einiges: Ich arbeitete immer mit und wusste auf beinahe jede Frage die passende Antwort. Und in der Klausur bekam ich mit Abstand die beste Note und das, obwohl ich nicht einmal ein Heft führte.

Als am Ende des Halbjahres die Zeugnisnoten besprochen wurden, bekam ich jedoch einen Schock. »Viviane, du stehst mündlich so zwischen 9 und 10 Punkten, geschrieben hast du 11«, erklärte mir Frau Mackle. »Dadurch bekommst du insgesamt 10 Punkte auf dem Zeugnis.«

Im ersten Moment war ich fassungslos, denn ich verstand nicht, wie meine mündliche Note zustande gekommen war. Frau Mackle hatte mich doch immer wieder in den höchsten Tönen gelobt. Offensichtlich hielt sie 9 bis 10 Punkte für eine gute Note, auch wenn ich mit einem solchen Durchschnitt bei einer Studienbewerbung keine guten Karten haben würde.

Viele Lehrer ärgerten sich nach Einführung des G8 einzig über die kürzere Zeit, die ihnen im Unterricht zur Verfügung stand und in der sie alle wichtigen Themen abhandeln mussten.

»Neuerdings kann ich die Kleinen gar nicht mehr selbst Versuche machen lassen«, beschwerte sich Herr Lellwitz bei uns. »Früher hatte man als Lehrer alle Zeit der Welt und konnte auch viel mehr selbst entscheiden, was man mit den Schülern zusätzlich unternahm. Heute geht das alles nicht mehr«, trauerte unser Biologielehrer den alten Zeiten nach.

Das »verkürzte Gymnasium« wurde auf Bundesebene erst nach und nach eingeführt – und mit unterschiedlicher Konsequenz. So ist es in Hessen weiterhin möglich, das Abitur an einer kooperativen Gesamtschule nach 13 Schuljahren abzulegen, und in Schleswig-Holstein können Gymnasien entscheiden, ob sie die 13 Jahre beibehalten möchten. So hat die Uneinigkeit über diese Reform sogar positive Nebenwirkungen: Zum einen haben Eltern die Chance, den passenden Weg für ihre Kinder zu wählen, zum anderen wird durch die unterschiedlichen Einführungszeitpunkte verhindert, dass in einem Jahr doppelt so viele Schüler das Abitur absolvieren und zeitgleich auf den Arbeitsmarkt drängen.

Eine Reform, bei der das unterschiedliche Vorgehen der Bundesländer ganz und gar schädlich war, war 2005 die viel diskutierte Rechtschreibreform: Denn die sorgte in deutschen Klassenzimmern für orthografisches Chaos.

Die beiden großen Bundesländer Bayern und Nordrhein-Westfalen weigerten sich zunächst, die neue Rechtschreibung zu lehren. Erst ein Jahr nach allen anderen Ländern setzten sie die Reform um – ein Jahr, in dem es für bayrische und nordrhein-westfälische Schüler unvorstellbar war, in ein anderes Bundesland umzuziehen.

Aber auch weitere Schulreformen, wie etwa die Verlängerung der Grundschule auf sechs Jahre, sind oft wenig durchdacht, wenn sie eingeführt werden.

Dabei würde es helfen, wenn Schulen sich vor erheblichen Veränderungen auf die neuen Abläufe und Anforderungen einstellen könnten. Dann würde es vielleicht nicht an allen Ecken und Enden mangeln – weder an Lehrkräften noch an Räumlichkeiten oder neuen Unterrichtskonzepten.

*

Was würden Lehrer sagen, wenn ihre wöchentliche Arbeitszeit plötzlich um viele Stunden aufgestockt werden würde? Oder wenn man ihnen von heute auf morgen ihre Freizeit nehmen würde? Würde das nicht eine riesige Welle des Protests auslösen? Kinder protestieren nicht!

Daher fällt es der Politik leicht, die Schule immer und immer wieder zu reformieren. Mit schlimmen Folgen: In den letzten Jahren haben vor allem psychische Erkrankungen wie Burnout oder Depressionen bei Jugendlichen und Kindern stark zugenommen.

Und das liegt auch daran, dass mit den Reformen neue Maßstäbe an Heranwachsende angesetzt werden und dass sie noch schneller noch mehr leisten müssen. Doch wer will überforderte Kinder? Oder gar kranke?

Niemand. Und so sollte sich die Politik darüber im Klaren sein, dass eine neue Idee erst zu Ende gedacht werden muss, ehe sie umgesetzt werden kann. Bei ihren Entscheidungen sollte nicht im Vordergrund stehen, dass »andere EU-Länder das auch so machen«, nein, das Wohl der Kinder sollte das Wichtigste sein.

Was ich daraus gelernt habe:

Manche Reformen werden von der Regierung kurzfristig durchgedrückt, um einen schnellen Erfolg verbuchen zu können und damit Wähler zu gewinnen. Das Wohl der Schüler steht dabei nicht an erster Stelle.

Was ich Schülern rate:

Sprecht mit den Lehrern darüber, welche Probleme Reformen auslösen. Dann können sie ihren Unterrichtsstil und die Hausaufgaben an die neuen Herausforderungen anpassen. Bittet auch eure Eltern, eure Schwierigkeiten bei Elternabenden anzusprechen.

Was sich ändern sollte:

Neuerungen müssen erst von allen Seiten betrachtet und dann eingeführt werden – nicht andersherum! Bei einer Reduzierung der Schuljahre muss Unnötiges aus dem Lehrplan gestrichen werden!

6. Kapitel

SCHLECHT IST NICHT GLEICH SCHLECHT

Ich hasse die Schule,
weil der Bildungsföderalismus
Schulen des gleichen Typs
unvergleichbar macht

Du willst tatsächlich allein nach Berlin ziehen? So eine eigene Wohnung ist eine Menge Arbeit, überschätz dich da mal nicht.«

»Ich weiß«, antwortete ich und grinste.

»Mir kommt die ganze Sache ein bisschen unüberlegt vor. Wie willst du es da überhaupt mit der Schule machen?«, wollte mein Direktor wissen.

Ich liebte solche Gespräche mit dem Schulleiter, solche, bei denen er zurückgelehnt, mit geschlossenen Augen und Däumchen drehend den Problemen der Schüler lauschte – völlig entspannt, egal wie heikel das Thema war. Herrgott, wie oft hatte ich schon überlegt, meinem in süßen Träumen schwelgenden Direktor etwas auf die Stirn zu malen oder mich auf leisen Sohlen einfach aus seinem Arbeitszimmer zu schleichen. Getraut hatte ich mich das jedoch nie und an diesem Tag würde ich es schon gar nicht wagen – immerhin erwartete ich einen Gefallen: Ich hoffte, dass er mich für die letzten sechs Wochen des Schuljahrs freistellen würde, damit ich nach Berlin ziehen konnte.

Daher antwortete ich ihm: »Ich habe mir schon eine Schule in Berlin gesucht. Außerdem, die letzten Klausuren schreiben wir doch sowieso schon in dieser Woche. Danach stehen die Noten fest. Es ist für mein Zeugnis also völlig egal, wenn ich den Rest des Schuljahrs nicht mehr da bin.«

Das war mein schlagkräftigstes Argument und es schien zu wirken: Das Däumchendrehen hörte für einen Moment auf und Herr Wuhlmann kniff seine kleinen Augen zusammen. Ich konnte förmlich hören, wie sein Gehirn losratterte und er nach Wegen suchte, mir meinen Schulwechsel auszureden.

»Aber du kannst dann kein Abschlusszeugnis von diesem Schuljahr bekommen«, sagte er nach einer Weile. Seine Augen waren geschlossen.

Ich wurde langsam nervös, denn das Zeugnis brauchte ich, damit mich die Berliner Schule annahm. »Natürlich bekomme ich von diesem Schuljahr ein Zeugnis, die Noten stehen doch fest. Da ist es doch egal, ob ich die paar Wochen, in denen sowieso nichts mehr läuft, da bin oder nicht«, wiederholte ich und diesmal drang ich wohl bis zu ihm durch.

»Also gut. Aber ich brauche bis Freitag einen Antrag zur Beurlaubung und die Abmeldung von dieser Schule, unterschrieben von deiner Mutter.«

»Ist gut, die Unterlagen bekommen Sie«, antwortete ich schnell.

»Und du musst alle Bücher, die du noch hast, abgeben, sonst bekommst du kein Zeugnis.«

»Okay, mach ich.« Rasch schnappte ich mir meine Tasche und verließ den Raum, bevor er es sich noch einmal anders überlegte.

Es hatte bereits zur nächsten Stunde geklingelt, als ich die Tür des Büros hinter mir schloss. Und so fragte ich mich nun: Sollte ich zum Unterricht gehen oder die Stunde einfach ausfallen lassen? Für Letzteres hatte ich immerhin eine gute Ausrede: Ich würde einfach sagen, dass ich zu lange mit dem Direktor geredet hätte. Außerdem würde eine Fehlstunde in den Kursheften meiner Lehrer mein Zeugnis auch nicht mehr viel schlechter machen, als es sowieso schon war. In diesem Halbjahr hatte ich nicht nur abgebaut, inzwischen musste ich mir sogar Sorgen um meine Versetzung machen. Noten waren für mich vorher noch nie ein Problem gewesen. Nein, ich war sogar zeitweise Klassenbeste gewesen. Aber jetzt entwickelte ich mich langsam zur Problemschülerin: Zum Französischunterricht ging ich zum damaligen Zeitpunkt gar nicht mehr und kassierte somit jede Woche drei unentschuldigte Fehlstunden. Auch so manche Sportstunde ließ ich ausfallen und in Mathearbeiten brachte ich noch nicht einmal mehr die Formelsammlung mit, da ich sowieso wusste, dass sie mir auch nicht viel bringen würde. Und so entschied ich mich auch an diesem Tag wieder einmal dafür, dem Unterricht fernzubleiben. Ich lief zu meinem Fahrrad, das vor der Schule an einen Zaun angeschlossen war, achtete darauf, dass mich der Direktor nicht sah, als ich unter seinem Fenster vorbeiradelte und machte mich auf den Weg nach Hause.

»Der Wuhlmann hat's erlaubt«, rief ich, als ich zur Tür hineinkam. Ich blickte nach links in die Küche, wo meine Mutter gerade am Tisch saß und eine Zeitung durchblätterte.

»Das wäre dir doch egal gewesen«, antwortete sie ein bisschen schnippisch. Meine Mutter war mit meiner Entscheidung umzuziehen nicht einverstanden. Zudem befürchtete sie immer noch, dass ich wegen Mathe sitzen bleiben würde und so ganz unrecht hatte sie nicht. Es war nämlich so, dass ich in diesem Jahr verheerend schlecht in Mathe stand und nicht nur das: Genauso schlecht war ich auch in Chemie, von Physik hatte ich mittlerweile nicht allzu viel Ahnung und auch in Französisch hatte mir meine Lehrerin mit einer 5 gedroht, wenn ich in Zukunft nicht öfter anwesend sein würde. Um Französisch machte ich mir nicht allzu große Sorgen, da ich immer noch Latein hatte und sowieso nur das bessere der beiden Fächer in die Bewertung eingehen würde. Und sowieso würde das alles ja ohnehin bald ein Ende haben.

In Berlin würde alles besser werden. Ich würde wieder anfangen, die Hausaufgaben zu machen, Hefte zu führen und tun, was ein guter Schüler so tut, um positiv aufzufallen und ein gutes Abitur abzulegen. Und durch die Freistellung hatte ich ja nun auch noch ein bisschen mehr Zeit bekommen, sodass ich den Umzug machen *und* meine Mathekenntnisse aufbessern konnte.

An Berlin gewöhnte ich mich schnell. Ich überredete einen Vermieter dazu, mir – einem blonden, minderjährigen und allein lebenden Mädchen – eine Einzimmerwohnung im ersten Stock eines Siebzigerjahre-Neubaus im schlimmsten Bezirk der Stadt zu überlassen. Außerdem besorgte ich mir einen Job bei einer Coffeeshop-Kette, um meine Miete zahlen zu können. Das alles auf die Reihe zu bekommen war zwar anstrengend, aber ich tat es gern und fühlte mich zum ersten Mal erwachsen. Trotzdem freute ich mich darauf, nach den Sommerferien, die ich komplett durcharbeitete, wieder zur Schule gehen zu können. Denn den Alltag dort hatte ich im Gegensatz zu den Zehn-Stunden-Schichten ganz chillig in Erinnerung. Was ich damals lieber verdrängte, war der Gedanke, dass ich auch während der Schulzeit würde jobben müssen – schließlich verlangte der Vermieter sein Geld auch außerhalb der Ferienzeit. Als sich die Sommerferien dem Ende zuneigten, wurde ich daher nervös. Und außerdem hatte ich inzwischen ein paar Bedenken, ob ich den Wechsel von einem altsprachlichen Gymnasium mit gutem Ruf auf eine Schule in einem Berliner Problembezirk wirklich heil überstehen würde.

Wie würden meine Mitschüler auf mich reagieren? Würden sie mich ausgrenzen, mobben oder mir irgendwie übel mitspielen, bloß weil ich aus der Kleinstadt kam und nicht im Ghetto aufgewachsen war?

An meinem ersten Schultag an der neuen Schule verschlief ich fast. Hastig zog ich mich an und hetzte in die Schule. Ich hatte keinen langen Weg, das war mir erst einige Tage vor Beginn des Schuljahrs bewusst geworden. An einem freien Nachmittag war ich einfach so herumgelaufen und hatte mir die Gegend, in der ich jetzt lebte, genauer angesehen. Als ich schon fast die Orientierung verloren hatte, hatte ich plötzlich vor meiner Schule gestanden. Das war vielleicht eine Überraschung gewesen, denn eigentlich hatte ich mit einem längeren Weg gerechnet.

Als ich die Straße, die zu meiner Schule führte, nun entlanglief, sah ich von Weitem schon eine Traube Schüler, die sich vor dem Schultor versammelt hatten. Schnellen Schrittes schloss ich zu ihnen auf und wurde sofort freundlich mit einer Umarmung begrüßt. »Wo kommst du her?« … »Wo genau liegt das?« …

»Wohnst du hier allein?« Geduldig beantwortete ich alle Fragen. Meine neuen Mitschüler – die meisten türkischer oder arabischer Herkunft – machten einen sehr netten ersten Eindruck.

Bei der Ausgabe der Stundenpläne, die in der Turnhalle stattfand und sich über eine Ewigkeit hinzog, zeigten sich zum ersten Mal die Schattenseiten meiner neuen Schule: Alles war unglaublich schlecht organisiert. Ich bekam ein Blatt in die Hand gedrückt, auf dem nur Zahlen, Abkürzungen und Raumangaben standen und wurde damit von den Lehrern alleingelassen. Ich musste meine Mitschüler bitten, mir die Abläufe zu erklären und mir die Stunden, für die ich eingetragen war, farbig zu markieren.

Und dann begann auch schon der Unterricht: Ich hatte meine erste Stunde Mathe und bekam mit, wie in Berlin unterrichtet wurde: Der Lehrer erklärte Rechenmethoden aus der Mittelstufe, die kaum ein Schüler zu beherrschen schien. Ich freute mich darüber. Denn etwas Wiederholung in Mathe war das Letzte, was mir schaden konnte.

Mit der Zeit nahmen meine Befürchtungen und Vorurteile, die ich gegenüber den Kreuzberger Schülern hatte, weiter ab. Meine Annahme, dass ich mich in der neuen Schule behaupten müsse und jeder Menge Anfeindungen ausgesetzt sein würde, erwies sich als falsch. Auch waren meine Mitschüler gar nicht so krass drauf, wie ich es von echten Kreuzberger Jugendlichen erwartet hatte. Sie waren auf den ersten Blick nett, aufgeschlossen und gestalteten ihre Abende nicht mit Sauftouren oder wilden Partys, wie es jemand aus der Kleinstadt vermuten würde.

Nur ihr Wissenstand erschreckte mich zusehends: Das Niveau war absolut am Boden. Einer war sich nicht sicher, ob der Fluss, der durch Süddeutschland fließt, Neckar oder Eckar heißt, andere aus meinem Erdkundekurs konnten noch nicht einmal die Stadtteile Berlins nennen.

»Kann jemand an der Karte zeigen, wo Frankfurt am Main liegt?«, fragte der Erdkundelehrer. Nur drei meiner 25 Mitschüler meldeten sich, der ganze Rest guckte peinlich berührt weg, um nicht aufgerufen zu werden. Ich zeigte daraufhin bereitwillig Frankfurt und einige umliegende Städte.

»Lernt bis zum nächsten Mal, bitte, wo die großen Metropolregionen in Deutschland liegen. Das werde ich in der kommenden Stunde abfragen«, stellte der Lehrer als Hausaufgabe und fuhr dann mit dem Unterrichtsthema Raumplanung fort: »War jemand von euch denn in letzter Zeit mal in München?«

Süleyman war einer der wenigen, die sich meldeten.

»Kannst du mal beschreiben, was dir da aufgefallen ist? Was war da anders als in Berlin?«

Süleyman guckte verdutzt und schwieg. Erst nach einer ganzen Weile fiel ihm eine Antwort auf die Frage ein: »Also, ich war nur am Hauptbahnhof, da waren Burger King, McDonald's und die Polizei.«

»Und ist dir sonst noch irgendwas aufgefallen?«, bohrte Herr Prange nach.

Einige Zeit verging, doch dann huschte ein Lächeln über Süleymans breites Gesicht. »Da waren keine Büsse, da gab es nur Straßenbähne.«

Hätte mein Erdkundelehrer aus Hessen mitbekommen, dass wir in der 12. Klasse die Topografie Deutschlands behandelten, er wäre vor Verwunderung umgekippt. Für Herrn Prange war das aber offensichtlich normal. Er erklärte den Schülern nicht nur bereitwillig, wo Deutschlands Großstädte liegen, er nahm sich auch ausreichend Zeit, um ihnen den Unterschied zwischen Zuwanderung und Einwanderung und Abwanderung und Auswanderung zu erläutern – auch wenn die Chancen schlecht standen, dass irgendetwas davon bei den Schülern hängen blieb. Denn Schüler, die etwas schwerer von Begriff sind, waren an meinem Kreuzberger Gymnasium keine Seltenheit. Und das lag meiner Meinung nach nicht nur an den Schülern selbst. Auch die Lehrer waren verantwortlich und jene, die diesen Kindern die

Empfehlung für das Gymnasium ausgesprochen hatten. Denn offensichtlich waren einige meiner Mitschüler nicht für dieses gemacht. Sie wurden im Unterricht mitgeschleppt.

Auf Bitten dieser Schüler wurde von Özlem, der Schulsprecherin und einer – sagen wir mal – mittelguten Schülerin, in der Lehrerkonferenz tatsächlich Folgendes vorgeschlagen: Im Unterricht sollten die Notizen auf der Tafel in ganzen Sätzen formuliert werden, da es vielen Schülern schwerfalle, in Klausuren ganze Sätze aus Stichpunkten zu bilden. Ich erinnere noch einmal daran: Wir befanden uns hier nicht in der 5. Klasse einer Hauptschule, sondern in der 12. Klasse eines Gymnasiums. Was taten also die Lehrer? Nein, sie rasteten nicht aus und erklärten den Schülern, die diesen Vorschlag befürworteten, dass sie nichts auf dem Gymnasium zu suchen hätten. Stattdessen lobten sie diese Idee und setzten sie in die Tat um.

Schon in den ersten Wochen drängte sich mir das Gefühl auf, dass wir in Hessen gut ein halbes Jahr mit dem Unterrichtsstoff voraus gewesen waren – ganz zu schweigen davon, dass die Qualität des Unterrichts in Berlin deutlich schlechter war. Hier kamen die Schüler mit ausgedruckten Wikipedia-Artikeln in die Schule und zitierten in Unterrichtsdiskussionen aus ihnen. Die Hausaufgaben wurden zwar akribisch erledigt, jedoch änderte dies oftmals nichts daran, dass die meisten Schüler danach immer noch keine Ahnung vom Thema hatten. Bahar war ein gutes Beispiel dafür. Sie war ein liebes Mädchen, wie die Lehrer sagten. Ihre Schwäche war nur, dass sie in allen Klausuren abschrieb und ihre Hausaufgaben von anderen Schülern bearbeiten ließ. Und auch bei Referaten verließ sie sich lieber auf das Können anderer:

»Hast du das Handout für Physik gemacht?«, wollte ich wissen, als ich Bahar auf dem Weg zur Schule traf.

»Ja, hab ich.«

»Hast du es irgendwo abgeschrieben?«, hakte ich nach.

In Geschichte hatte Bahar kürzlich ein Handout über die Reformen des Kleisthenes komplett aus dem Internet kopiert. Doch der Lehrer hatte nachgeforscht und war dem Betrug auf die Schliche gekommen. »Sogar die Rechtschreibfehler hast du mit übernommen«, hatte er sich aufgeregt und ihr 0 Punkte gegeben, was ihre Geschichtsnote deutlich nach unten drückte. Ich wollte nicht, dass sich das wiederholte. Denn nun sollte ich mit Bahar ein Physikreferat über das Magnetfeld der Erde halten und eine schlechte Note konnte ich wirklich nicht gebrauchen.

»Ja, ich hab's von so einer Seite kopiert.« Sie guckte mich verträumt an. »Ich hab aber diesmal noch andere Rechtschreibfehler eingefügt.«

Ich konnte mich vor Lachen kaum noch halten.

Was im restlichen Deutschland noch heiß diskutiert wurde, war in Berlin bereits harte Realität, als ich dorthin zog: Seit 2010 gibt es keine Hauptschulen mehr und auch die Grundschule endet in vielen Fällen nun erst mit der 6. Klasse. Vorteile hat das zwar – aber zu wenige. Klar, die Chancengleichheit soll durch das neue System erhöht werden. Es soll vermieden werden, dass Schüler zu früh in die Schubladen »Gymnasium«, »Haupt-« oder »Realschule« gesteckt werden, aus denen sie nicht mehr hinauskommen. Und es soll verhindern, dass junge Menschen, nur weil sie einen bestimmten Schultyp besucht haben, ihre Chancen auf dem Arbeitsmarkt einbüßen. Denn wer bisher eine Hauptschule besuchte, wurde oft abgestempelt – als Verlierer, als Hartz-IV-Kandidat.

Integrierte Sekundarschule heißt die neue Schulform, die im Schuljahr 2010/2011 an die Stelle der Berliner Haupt- und Realschulen trat. Die Schüler werden dort in verschiedene Kurse mit unterschiedlichen Schwierigkeitsstufen eingeteilt – wie das bisher schon in den Gesamtschulen der Fall war. Durch das Kurssystem fällt es dem Einzelnen leichter, zwischen den Schulformen aufzusteigen, sich beispielsweise vom Hauptschulniveau auf Realschulniveau zu verbessern. So sieht es zumindest in der Theorie aus und das wirkt ja auf den ersten Blick auch gar nicht schlecht. Aber ändert sich wirklich etwas, wenn man einfach eine Schule umbenennt und mit einer höheren Schulform zusammenlegt?

Um die Nachteile zu erkennen, muss man den Fokus auf die Praxis legen: Hauptschüler haben keinen guten Ruf. Sie gelten als aggressiv, gewaltbereit und leistungsschwach. Dass dies nicht bloß Vorurteile sind, belegen verschiedene Studien: So stellte eine Forschungsgruppe der Ruhr-Universität Bochum 2004 fest, dass jeder fünfte Hauptschüler schon einmal so heftig zugeschlagen hat, dass sein Opfer ärztlich behandelt werden musste. 5 Prozent aller Hauptschüler werden zudem als extrem aggressiv eingestuft, was bedeutet, dass sie regelmäßig Mitschüler quälen. 5 Prozent, das hört sich nach wenig an, ist es aber nicht, wenn man bedenkt, dass sich damit in jedem Jahrgang einer durchschnittlich großen Schule ungefähr fünf Jugendliche befinden, die ihre Mitschüler terrorisieren. Im Schuljahr 2006/2007 wurden laut der Statistik des Schulsenats insgesamt 1.735 Fälle von Gewalt an Berliner Schulen registriert. Die Dunkelziffer dürfte jedoch um einiges höher liegen, da bei Weitem nicht jeder Fall gemeldet und von der Schulleitung weitergeleitet wird. 53 Prozent der Delikte werden laut der Statistik von Schülern nichtdeutscher Herkunft begangen. Vor allem Körperverletzungen, zu denen es in 395 Fällen kam, und die 185 Fälle von gefährlichen Körperverletzungen, bei denen von einer Waffe Gebrauch gemacht wurde oder mehrere Täter ein Opfer angriffen, sind auf Schüler nichtdeutscher Herkunft zurückzuführen. Dazu muss man wissen: Der bundesweite Ausländeranteil in Hauptschulen liegt nach Erhebungen des Instituts der deutschen Wirtschaft Köln bei knapp 19 Prozent, auf Gymnasien bei nur 4 Prozent. In Berlin ist der Anteil viel höher. In der gesamten Stadt sind 40 Prozent aller Hauptschüler Nichtdeutsche, in Neukölln sogar 68 Prozent. Lehrerberichten zufolge sprechen die einzelnen deutschen Schüler zum Teil absichtlich gebrochenes Deutsch, um nicht aufzufallen und ausgegrenzt oder gemobbt zu werden. Da ist es nur zu verständlich, wenn man als besorgter Elternteil sein Kind nicht auf eine solche Schule schicken möchte.

Aber was wird früher oder später passieren, wenn es keine Hauptschulen mehr gibt, die oft als Sammelbecken für diejenigen Schüler bezeichnet wurden, die aufgrund ihrer Leistungen oder ihres Verhaltens von den Lehrern nicht für die Realschule vorgeschlagen wurden? Ganz einfach: Diese ehemaligen Hauptschüler drücken das Leistungsniveau an den Integrierten Sekundarschulen und werden die Gewalt dorthin mitnehmen. Jetzt kann man natürlich als Argument für die Zusammenlegung der Schulformen anführen, dass Vorbildfunktionen entstehen und sich die »schlechten« Schüler an den »guten« Schülern orientieren können. Gegen diese These spricht jedoch, dass viele gewalttätige Jugendliche in der Vergangenheit selbst Opfer von Gewalt wurden. Einem Bericht des Bundesinnenministeriums und des Bundesjustizministeriums zufolge stimmen Pädagogen und Psychologen überein, dass die Hemmschwelle der Jugendlichen durch eine solch negative Prägung sinke. Die Gewaltbereitschaft entsteht also nicht in der Schule, sondern häufig im heimischen Umfeld. Es ist daher sehr unwahrscheinlich, dass man dieser Entwicklung mit der Schaffung von »Vorbildern« entgegenwirken kann. Dass das nicht nur meine Vermutung ist, bestätigt die im Schuljahr 2010/11 um ein Drittel gestiegene Zahl an Bewerbungen für meine Schule: Eltern, die ihre Kinder sonst ohne zu zögern auf die Realschule geschickt hätten, meldeten ihren Nachwuchs nun auf dem Gymnasium an, um ihnen schlechte Erfahrungen in der Schule zu ersparen.

Vielleicht ist dies auch ein Grund, warum Sercan das Gymnasium besuchte, obwohl er nicht für dieses geeignet zu sein schien. Einmal sollten wir einen im Englischunterricht gelesenen Text zu Hause zusammenfassen. Sercan, der der Sprache überhaupt nicht mächtig war und keinen zusammenhängenden Text formulieren konnte, war mit dieser Aufgabe völlig überfordert. Er entschied sich, einfach einzelne englische Worte aneinanderzureihen, ohne die Regeln des Satzbaus auch nur ansatzweise zu beachten.

»Sercan, lies doch bitte deinen Text vor«, forderte ihn Herr Brunn auf.

»Muss das wirklich sein?«, fragte Sercan.

»Ja. Du hast doch was geschrieben. Das kannst du jetzt auch vorlesen.«

»Also, I think school boring and good edu ... education ...«, er brach ab und schaute Herrn Brunn verlegen an.

»Ich hatte doch gesagt, dass ihr ganze Sätze und nicht nur Stichpunkte schreiben sollt«, meckerte der. Dass Sercan das vollkommen klar war, er nur nicht in der Lage gewesen war, die Aufgabe zu erfüllen, fiel ihm offensichtlich nicht auf.

Etwas musste man Sercan zugute halten: Er war sich dessen bewusst, dass er in schulischen Dingen nicht sehr begabt war, und hielt sich deshalb auch mit Äußerungen im Unterricht zurück. Er war ruhig und nett, ein angenehmer Typ, was man zwar von vielen, jedoch nicht von allen meinen Mitschülern behaupten konnte – zum Beispiel nicht von Fatih: Nein, Fatih war kein Kind aus der Unterschicht, dessen Eltern kein Deutsch sprachen und das völlig auf sich allein gestellt zwischen dem westlichen Leben und den Traditionen des Islam hin- und hergerissen war. Nein, das war er wirklich nicht. Vielmehr wohnte er in einem besseren Außenbezirk von Berlin, fuhr – vorausgesetzt er erschien überhaupt – mit seinem BMW zur Schule, surfte mit seinem iPhone während des Unterrichts im Internet und hielt sich selbst für ziemlich schlau. Damit irrte er jedoch. Nach seiner Auffassung waren Gewerkschaften Firmen, die versuchten, die höchsten Gewinne zu erzielen, und was ein zentralistischer Staat war, konnte er sich nicht zusammenreimen.

Nein, nicht alle Kreuzberger Schüler hatten so wenig Lust zu lernen wie Fatih. Im Gegenteil. Einige waren auch durch das Schulsystem, die Lehrer und ihre Umgebung in eine Rolle gepresst worden. Um deutlicher zu machen, was ich meine, muss ich etwas ausholen: Die Grundschulzeit erstreckt sich in Berlin über sechs Jahre, was bedeutet, dass die Schüler erst nach der 6. Klasse aufgeteilt werden und die Empfehlungen für das Gymnasium oder aber die Integrierte Sekundarschule erhalten. Im restlichen Deutschland (abgesehen von Brandenburg) erfolgt dies schon nach vier Jahren. Ein wichtiges Argument für die verlängerte Grundschulzeit ist, dass man die Fähigkeiten der meisten Kinder nach vier Jahren noch gar nicht richtig einschätzen kann, da manche einfach Spätentwickler sind und erst ab der 7. Klasse aufblühen. Auch ist es erwiesen, dass die meisten Kinder mit Migrationshintergrund oder aus einem einkommensschwachen Elternhaus einen Wissensrückstand haben. Befürworter der längeren Grundschulzeit sagen, dass es solchen Kindern innerhalb von vier Jahren nicht möglich sei, ihren Rückstand aufzuholen. Daher würden sie seltener Empfehlungen für das Gymnasium erhalten als Gleichaltrige aus der Mittelschicht. Außerdem, so heißt es, könne man bei Zwölfjährigen besser einschätzen, welche Eigenleistung sie erbringen können. Man erkenne, ob sich ein Schüler sein Wissen selbst angeeignet hat oder nur durch die Unterstützung der Familie glänzt. Kurzum: Die sechsjährige Grundschulzeit soll wieder einmal die Chancengleichheit erhöhen – und das ist zweifelsohne ein guter Gedanke.

Doch leider hat auch diese Sache wieder einen Haken: Denn eine längere Grundschulzeit bedeutet, dass länger nicht auf die Leistungsunterschiede zwischen einzelnen Schülern reagiert werden kann. So drohen nicht nur förderungsbedürftige Schüler in der breiten Masse unterzugehen, sondern auch solche, die besondere Talente haben.

Ein Kind mit Talenten war auch Nico einmal gewesen. Nico war der King an meiner Schule. Er war beliebt, hatte leuchtend blaue Augen und blonde Haare, er war ein Typ, zu dem alle aufschauten. Das einzige Problem war sein Auftreten – er hätte ohne Weiteres in einem Fler- oder Bushido-Video mitspielen können. Zudem sprach er ghettomäßiges Deutsch. Wer schon einmal ein Lied von irgendeinem Deutschrapper gehört hat, weiß, was ich meine. Nico war alles andere als dumm, wahrscheinlich war er sogar ziemlich intelligent. Er war gut in Mathe und Physik – zugegebenermaßen war er in keinem Fach schlecht. Doch was brachte ihm das, wenn er seine Position immer nur im Deutsch eines unterdurchschnittlich begabten Hauptschülers ausdrücken konnte? Was brachte es ihm, wenn er gleich nach den ersten Worten als dumm abgestempelt wurde und man ihm keine Chance gab? Die Lehrer sahen das nicht. Sie sahen nur den blonden Jungen, der mehr konnte als viele andere auf diesem Gymnasium. Daher wurde Nico von allen gelobt und mit guten Noten überschüttet. In anderen Teilen Deutschlands oder sogar schon in anderen Berliner Bezirken hätte er solch gute Noten nicht bekommen. In Hessen wäre er vermutlich für seine Wortmeldungen ausgelacht worden. Und man hätte es ihm dort auch nicht durchgehen lassen, dass er aus einem Text, den er mit eigenen Worten zusammenzufassen sollte, ganze Passagen wörtlich zitierte. In Berlin war dies gängige Praxis und wurde nie bemängelt oder kritisiert. Woher sollte Nico, der irgendwo anders wahrscheinlich alle Chancen der Welt gehabt hätte, wissen, dass dies im restlichen Deutschland nicht gern gesehen und als Unvermögen gewertet wird?

Doch woher kam es, dass Nico so war, wie er war? Auch ich war an einer Grundschule mit einem sehr hohen Anteil von Kindern mit Migrationshintergrund. Im Gegensatz zu Nico besuchte ich diese Grundschule aber nur zwei Jahre lang, nämlich in der 3. und 4. Klasse. In diesen zwei Jahren war ich bestens in die Schulgemeinschaft integriert. Ich hatte viele Freunde, war beliebt, konnte mich durchsetzen und hatte sehr gute Noten, weshalb eine andere Schulform als das Gymnasium gar nicht in Frage kam. In den Klassenarbeiten schrieben meine Mitschüler von mir ab und wenn sie Fragen hatten, die den Unterricht betrafen, kamen sie zu mir. Kurzum: Ich war ein kleiner Nico und begann allmählich, mir einen merkwürdigen türkisch-deutschen Dialekt anzugewöhnen und mich mit den Gewohnheiten meiner Mitschüler zu identifizieren. »Lass mich endlich normal sein«, flehte ich meine Mutter an, die darauf achtete, dass ich früh ins Bett ging und nicht mit den anderen Kindern bis spät in der Nacht um die Häuser zog. »Normal«, damit meinte ich ein Leben ohne elterliche Kontrolle, ohne Aktivitäten in Sportvereinen und ohne geregelte Tagesabläufe, ein Leben, das die Kinder hatten, die letztendlich nicht aufs Gymnasium kamen, die Schule abbrachen und jetzt schon Mütter sind und von Hartz IV leben. Damals sah ich nur, dass diese Kinder jede Menge Spaß hatten, während ich bereits im Bett lag. Und ich fühlte mich ausgeschlossen, denn ich kannte ja keine anderen Kinder, keine anderen Ansichten, also war das, mit dem ich es zu tun hatte, normal für mich, der anzustrebende Zustand.

Das änderte sich jedoch, als ich nach der 4. Klasse aufs Gymnasium kam: Dort schien es ein wenig anders zu laufen. Die Kinder spielten Instrumente, gingen zum Reiten oder betätigten sich anderweitig sportlich. Die Eltern erschienen zu den Elternabenden, besorgten Nachhilfelehrer für ihre Kinder, wenn diese Schwierigkeiten hatten, und kümmerten sich um sie. Meinen türkisch-deutschen Dialekt gewöhnte ich mir schnell wieder ab, ich verwendete ihn nur noch selten in Gegenwart meiner alten Freunde.

Nico lernte es derweil nicht, sich vernünftig auszudrücken. Er war zu lange unter Kindern, die Probleme mit der deutschen Sprache hatten, und merkte wahrscheinlich gar nicht, wie er auf

Außenstehende wirkte. In Kreuzberg wurde er dadurch zum King, zum König all derer, die nur gebrochenes Deutsch sprachen und im späteren Leben nicht allzu große Chancen auf eine steile Karriere hatten. Er war derjenige, dem man am meisten zutraute und er traute sich selbst auch am meisten zu – und bestimmt hätte er damit recht gehabt, wäre er in einem anderen Bezirk aufgewachsen und hätte andere Freunde gehabt.

Die verlängerte Grundschulzeit führt also dazu, dass sich Schüler einem schlechten Umfeld nur schwer entziehen können. Kinder werden nämlich anhand ihres gemeldeten Wohnortes auf die Grundschulen verteilt. Das bedeutet, dass Kinder in dem Bezirk, in dem sie leben, auch zur Schule gehen müssen. Wenn also jemand mit seinem Kind in einem sozialen Brennpunkt lebt, weil er sich die Miete in einem teureren Wohngebiet nicht leisten kann, muss das Kind dort auch in die Grundschule gehen – und das über sechs Jahre. Das heißt, über die Hälfte seiner gesamten Schulzeit verbringt das Kind in Gegenwart von anderen, oft weniger begabten Kindern. Nehmen wir einmal an, dieses Kind ist so wie Nico und die Eltern dieses Kindes gehören zwar zur Unterschicht, sind aber nur durch irgendwelche unglücklichen Umstände wie Scheidung, plötzlich eintretende Arbeitslosigkeit, Krankheit – Möglichkeiten gibt es viele – auf dem absteigenden Ast. Sie sind gebildet, können ihr Kind unterstützen und nur die momentane Leere des Kontos hindert sie, in einen anderen Bezirk umzuziehen. Was bedeuten die sechs Jahre Grundschule für ein Kind aus einer solchen Gegend? Das Kind ist »gefangen«. Es wächst in einem Problembezirk auf und hält alles, was dort passiert, für normal. Es fängt an, sich an die Lebensumstände seiner Freunde anzupassen. Es übernimmt ihre Angewohnheiten, Ideen und die Sprechweise. Und nach ganzen sechs Jahren Grundschule ist es im allerbesten Fall ein zweiter Nico.

Nachdem ich festgestellt hatte, dass Nico tatsächlich das Maß aller Dinge an meiner neuen Schule zu sein schien, dachte ich mir: Cool, dann mache ich hier eben ein Abi mit einem Einserschnitt. Ich konnte ja bis dato nicht wissen, dass die Benotung ein wenig anders aussah als in Hessen. In der Hauptstadt wurde weniger bewertet, *was* man in einer Klausur auf eine Frage antwortete, als vielmehr *wie* man dies tat. »Aufgabenerschließende Bearbeitung« wurde das genannt, was 75 Prozent der Note ausmachte. Das hieß im Klartext, dass es relativ egal war, was man schrieb, wenn man nur die Formregeln einhielt.

Apropos Form: Weitere 10 Prozent ergaben sich aus der »Leserfreundlichen Gestaltung« der Klausur. Das muss man sich einmal vorstellen: In der ohnehin schon knapp bemessenen Zeit, in der wir unsere Klausuren schrieben, sollten wir auch noch darauf achten, dass wir alles mit Lineal durchstrichen oder mit Tipp-Ex verbesserten, dass wir genügend Absätze machten und das Schriftbild einwandfrei aussah. Wenn man dies nicht tat, kam es vor, dass der Lehrer einen Punkt von der Gesamtnote abzog. In Hessen hatte die Regelung anders gelautet: Was der Lehrer lesen konnte, wurde benotet, unleserliche Worte gingen einfach nicht in die Bewertung ein. So einfach war das, doch in Berlin machte man aus der Schönschrift eine manchmal absurd große Sache.

Meine Freundin Anna hatte eine Handschrift, die man ohne Schwierigkeiten lesen konnte. Dennoch bereitete ihr eine Klausur einen Schock fürs Leben: Im Bewertungsfeld »Leserfreundliche Gestaltung« stand eine dicke 5-. Warum? Sie hatte keine grundsätzlichen Fehler eingebaut. Sie hatte auch keine Käsescheiben zwischen die Klausurblätter geklebt oder auf die Klausur gesabbert, sodass die Tinte verschmiert war. Das Einzige, was man ihr unterstellen konnte, war, dass sie das kleine R etwas anders schrieb, als man dies in der Grundschule lernt: Sie liebte es an der linken oberen Ecke des Buchstabens eine kleine Schlaufe zu malen.

»So macht man aber keine Rs«, kritisierte der Lehrer.

»Aber das kann man doch trotzdem lesen«, verteidigte sich Anna, deren Note durch diese Einschätzung nach unten gedrückt worden war, was wiederum negative Auswirkungen auf ihre Zeugnisnote hatte.

»Natürlich konnte ich es lesen, trotzdem macht man so keine Rs.« Der Lehrer blieb bei seiner Entscheidung, Anna jedes Wort, in dem ein R vorkam, als Rechtschreibfehler anzustreichen.

Dann wandte er sich an mich. »Bei Ihnen hab ich auch stark überlegt, ob ich Ihnen Ihre I-Punkte durchgehen lasse.«

Er deutete auf meine Klausur. Ich guckte ihn ungläubig an. Meinte er das wirklich ernst? Wollte er mir wirklich jedes Wort, in dem ein I vorkam, anstreichen, bloß weil ich große I-Punkte machte? In meiner alten Schule in Hessen hätte ich darüber gelacht und dies für einen Witz gehalten. Nie hatte ich daran gedacht, dass es das Abiturergebnis beeinflussen könnte, wie ich meine Rs oder I-Punkte machte. Wo war ich hier gelandet?

Auch andere Lehrer hatten seltsame Vorstellungen davon, was man im Unterricht leisten musste.

»Soll ich die Türen von dem Haus eckig oder rund malen?«, fragte Özlem unseren Lehrer in einer Kunststunde, in der es um Architektur ging und jeder sein eigenes Traumhaus gestalten sollte.

»Wenn du mich fragst, würde ich die Türen ganz klar rund malen, das wirkt viel eleganter«, riet der Lehrer fachmännisch.

Özlem tat dies. Nach einer Viertelstunde meldete sie sich erneut und wollte wissen, was er von ihrer Zeichnung hielt.

»Oh mein Gott, warum hast du die Türen rund gemalt? Eckig wäre doch viel besser«, meckerte er und Özlem fing an zu lachen – sie kannte seine Verwirrung bereits.

Gern malte er in den Skizzen der Schüler herum und gab im ersten Moment wertvolle Tipps für die Zeichnungen. Wenn er dann die Noten für die Arbeiten bekannt gab, kam es aber regelmäßig zu Überraschungen: Oft bewertete er gerade die Dinge, die er selbst eingezeichnet hatte, am schlechtesten und kritisierte sie als unnütz.

Neben einer schönen Schrift waren den Lehrern in Kreuzberg auch die Hausaufgaben und unsere Pünktlichkeit überdurchschnittlich wichtig. Die Hausaufgaben wurden immer kontrolliert und jeder, der sie nicht gemacht hatte, bekam augenblicklich eine 6 eingetragen. Das schlug sich dann richtig stark auf die Zeugnisnote nieder. In Geschichte zählte eine Hausaufgabe beispielsweise halb so viel wie eine Monatsnote für die mündliche Beteiligung. Einmal angenommen, man arbeitet das ganze Halbjahr konstant mündlich mit und bekommt dafür 13 Punkte, erledigt aber zweimal seine Hausaufgaben nicht, dann ist man ruckzuck bei 10 Punkten. Wenn man dann noch eine sehr gute Klausur schreibt, die eigentlich mit 13 Punkten bewertet werden müsste, für die man jedoch nur 12 Punkte bekommt, weil man zu große I-Punkt malt, dann ist man trotz aller Mühen am Ende des Halbjahres bei 11 Punkten, was einer glatten 2 entspricht. Das hört sich zwar ganz passabel an, ist jedoch für ein Studium in Berlin einfach nicht genug. Immerhin liegt hier der Numerus Clausus für die meisten Studiengänge weit unter 2,0.

Doch das war kein Problem für Yunus, wie ich während einer kurzen Unterhaltung mit ihm erfuhr. »Wenn man den Sitzplatz in Berlin hat, wird man eher in Berlin angenommen, als wenn man aus einem anderen Teil von Deutschland kommt.« Mit »Sitzplatz« meinte Yunus vermutlich »Wohnsitz«.

Dass der Wohnort keine Rolle bei der Vergabe von Studienplätzen spielte, wollte er mir partout nicht glauben und so ließ ich ihn einfach in dem Glauben, nur durch seine Kreuzberger Adresse an seiner Wunsch-Universität angenommen zu werden.

Aber auch für den unwahrscheinlichen Fall, dass er mit einem 3,0-Abi nicht in Berlin angenommen werden würde, hatte Yunus einen Plan: »Dann studiere ich halt in einer anderen Stadt. Die Studiengebühren sind mir egal. 500 Euro im Semester, das ist doch voll wenig. Auch wenn es 500 Euro im Monat wären, könnte man das ja locker bezahlen, man braucht einfach einen 400-Euro-Job, dann hat man ja genug Geld.«

Dazu sagte ich nichts, weil es nicht allzu viel Sinn hatte, Yunus zu erklären, dass man mit einem 400-Euro-Job keine 500 Euro Studiengebühren im Monat aufbringen konnte. Und außerdem hatte sich Yunus schon einen Plan C zurechtgelegt, falls es mit dem Wunschstudienplatz und den 500 Euro Studiengebühren im Monat unerwarteterweise nichts werden würde. »Ich schreib mich dann einfach bei Mathe oder Physik ein, das wollen eh nicht so viele machen«, sagte er und wendete sich dann ein paar Mitschülern zu, die sich gerade über besonders ausgefeilte Kickbox-Techniken unterhielten.

*

Wie ich haben die meisten meiner Mitschüler die Schule am Ende mit dem Abitur, dem höchsten deutschen Schulabschluss, verlassen – obwohl sie in anderen Bundesländern mit Pauken und Trompeten durchgefallen wären. Und stellt sich Ihnen nun auch die Frage, wie man Schülern, die auf solch unterschiedlichem Leistungsniveau sind, denselben Schulabschluss verleihen kann? Ist es nicht ungerecht, dass ein Schüler aus Hessen so viel mehr können muss als ein Schüler aus Berlin? Ja, das ist es. Denn dieses System führt auf der einen Seite zur Benachteiligung derjenigen, die für ihren Abschluss wirklich etwas leisten müssen. Auf der anderen Seite werden Schüler aus Bundesländern mit geringerem Niveau, die theoretisch in der Lage wären, hervorragende Leistungen zu erbringen, unterfordert. Zudem kann es passieren, dass sie im Berufsleben später deutlich schlechtere Karten haben, da sie vorverurteilt werden: Man unterstellt ihnen, dass sie weniger können als Gleichaltrige aus anderen Bundesländern.

Ein paar meiner Kreuzberger Mitschüler sind am Ende durch die Prüfungen gerasselt und haben damit drei Jahre vertan, in denen sie bereits eine Ausbildung in einem Bereich hätten absolvieren können, der ihnen mehr liegt. Sie haben nach 13 Jahren Schule nicht mehr als die Mittlere Reife – und das Gefühl, versagt zu haben. Dabei hätten ein paar beratende Worte der Lehrer, ein bisschen weniger Druck der Eltern und einheitliche Kriterien an deutschen Schulen das in den meisten Fällen verhindern können.

Was ich daraus gelernt habe:

Wer in einem Bundesland gut oder schlecht ist, muss dies nicht zwingend auch in anderen Bundesländern sein, da die Anforderungen vollkommen unterschiedlich sind!

Was ich Schülern rate:

Informiert euch, wie euer Bundesland im bundesweiten Vergleich abschneidet. Nur so könnt ihr eure eigene Lage richtig einschätzen.

Was sich ändern sollte:

Lehrpläne sollten auf Bundesebene abgestimmt werden. Außerdem sollte es bundesweite Vergleichsarbeiten und ein Zentralabitur geben! Im Klartext: Bildung sollte zur Bundessache werden!

7. Kapitel

WO SEXISMUS GEDULDET WIRD

Ich hasse die Schule,
weil Chauvinismus und
Antisemitismus dort toleriert
und mit kulturrelativistischen
Theorien erklärt werden

Der Anteil der Schüler mit Migrationshintergrund ist wie gemeinhin bekannt in den Berliner Bezirken Kreuzberg und Neukölln am höchsten. »Multikulti« nennen das einige, doch bei genauerer Betrachtung trifft dies nicht ganz zu: Präziser müsste man die Bevölkerungsstruktur in diesen Stadtteilen mit dem Wort »Monokulti« beschreiben. Denn, dass sich an meiner Kreuzberger Schule viele verschiedene Kulturen miteinander vermischten und gleichwertig behandelt wurden, davon kann nun wirklich nicht die Rede sein. Genau genommen gab es nur eine Kultur, beziehungsweise eine Religion, auf deren Bedürfnisse hier eingegangen wurde: den Islam.

Lehrer machten sich darüber Gedanken, ob sie ihren Schülern im Unterricht den Schweinezyklus erklären konnten, ohne irgendwelche religiösen Gefühle zu verletzen. Es gab kein Schweinefleisch in der Cafeteria und beim Bäcker gegenüber wurden alle Schüler auf Türkisch angesprochen. Muslimische Schüler erhielten pro Halbjahr durchschnittlich zwei zusätzliche Tage schulfrei, während die wenigen Nichtmuslime erscheinen mussten, um ihre Namen auf eine Anwesenheitsliste zu schreiben.

Und auch auch sonst lief es in meiner Schule eher nach den Regeln des Islam: Auf dem Schulhof dominierten die Jungen, die Mädchen standen meist ruhig in einer Ecke und verhielten sich möglichst unauffällig. Und das taten sie auch im Unterricht: Sie schwiegen, während ihre männlichen Klassenkameraden dazwischen riefen und ihre Meinung kundtaten. Vor allem unter den sunnitischen Schülern herrschte Einigkeit darüber, dass der Koran Frauen vorschreibt, ein Kopftuch zu tragen, und dass Menschen, die sich nicht daran halten, gegen den Koran verstoßen.

»Das stimmt alles gar nicht«, hieß es oft, wenn das Thema Zwangsehen angesprochen wurde. Statistiken seien allesamt gefälscht, um ein schlechtes Licht auf den Islam zu werfen und dienten nur der Propaganda. Und »Das steht aber gar nicht im

Koran« war ein Totschlagargument. Denn die meisten deutschen Schüler und auch die Lehrer an meiner Schule hatten den Koran nicht gelesen. So konnten sie auch nichts dagegen sagen, wenn jemand behauptete: »Es steht nirgends im Koran, dass Frauen diskriminiert oder geschlagen werden dürfen. Wer so etwas sagt, der interpretiert den Koran vollkommen falsch.«

Vor allem in unseren Politik-und-Wirtschaft-Stunden kam es regelmäßig zu ausschweifenden Diskussionen über unser Lieblingsthema: Werden Frauen im Islam unterdrückt?

»Ich habe letztens Plakate für die Islamkonferenz gesehen und außerdem gelesen, dass es vor allem europäische Frauen sind, die zum Islam konvertieren. Darüber habe ich mich ein bisschen gewundert«, sagte Herr Knaaf zu Beginn des Unterrichts betont ungerührt.

»Vielleicht möchten sie einfach unterdrückt werden«, antwortete Yasin und lachte. Einige andere lachten mit ihm.

Um zu verstehen, warum dieses Thema so eine Bedeutung für uns hatte, muss man wissen, dass höchst unterschiedliche Meinungen darüber herrschten. Und das waren keine Meinungen, die man sich schnell zu eigen machte und im Unterricht dann nur vertrat, um eine gute mündliche Note zu bekommen. Es waren tiefe Überzeugungen und keiner dachte daran, auch nur einen Millimeter von seinem Standpunkt abzuweichen und Kompromisse einzugehen. Wir waren zu zehnt in unserem Kurs, acht Jungen und zwei Mädchen. Vier Schüler waren deutscher Herkunft, alle anderen hatten einen Migrationshintergrund.

Murat hatte schon mehrmals erklärt, dass die Religion sein Lebenssinn sei, dass der Islam ihm alles bedeute. Und auch Öztürk war derart von seinem Glauben überzeugt, dass er in Diskussionen sämtliche Sachlichkeit über Bord warf. Konrad sah das Ganze völlig anders: Er hielt alle Religionen für schlecht, besonders den Islam. Ähnlich sahen das Dalia und ich. Nico nahm derweil eine vermittelnde Rolle ein – das versuchte er zumindest.

Die anderen Schüler waren eher auf der Seite des Islam, konnten ihre Meinung jedoch nicht immer präzise in Worte fassen, was ihnen Nachteile in der Diskussion einbrachte.

Nachdem Yasin seine Theorie losgeworden war, erhitzte sich die Diskussion schnell. Alle begannen durcheinanderzureden. Yasin hatte es schwer, sich Gehör zu verschaffen. Es dauerte eine Weile, ehe alle mitbekamen, dass er seinen Kommentar ironisch gemeint hatte. Öztürk, der schon dabei gewesen war, allen zu erläutern, dass niemand im Islam benachteiligt werde, beruhigte sich nun wieder. Jedoch nur so lange, bis ich das Wort ergriff. Laut und deutlich warf ich meine Vermutung in die Klasse, dass Frauen, die zum Islam konvertierten, tatsächlich so etwas wie eine devote Seite hätten, die sie gern ausleben würden.

Nico antwortete nur »Wow« und strich sich über das Kinn – das tat er immer, wenn jemand ein Wort verwendete, das er schon einmal auf einer Pornoseite gelesen hatte.

»War das ein Witz?«, fragte Yasin.

»Nein«, antwortete ich sachlich. »Frauen werden im Islam wirklich unterdrückt und das ist auch nicht sehr lustig.« Jetzt kam die Diskussion erst so richtig in Fahrt. »Frauen, die ein Kopftuch tragen, werden ganz klar benachteiligt. Ein Kopftuch behindert einen beim Sport, sie gehen im Sommer nicht schwimmen und überhaupt ist man nicht frei, wenn man etwas von sich, zum Beispiel die Haare, verstecken muss«, machte ich meine Meinung klar.

»Aber ein Kopftuch schützt vor den Blicken der Männer und macht, dass Männer nicht immer abgelenkt werden und unzüchtige Gedanken bekommen«, entgegnete Öztürk und gestikulierte dabei heftig.

»Es ist ja wohl nicht die Schuld der Frauen, wenn Männer beim Anblick von Haaren auf irgendwelche Gedanken kommen«, entgegnete ich.

»Ich kenne Leute, Jungs, die waren in Mekka und da haben alle Frauen Kopftücher getragen. Die haben gesagt, dass sie auf dieser Reise fast überhaupt keine schmutzigen Gedanken hatten.«

»Trotzdem ist es nicht die Schuld der Frauen, wenn Männer sich nicht unter Kontrolle haben. Frauen dürfen doch nicht für etwas bestraft werden, an dem sie gar keine Schuld haben«, mischte sich Dalia nun in die Diskussion ein.

»Aber wenn sich Frauen nicht verschleiern, entstehen Affären, Seitensprünge und all solche schlimmen Sachen«, echauffierte sich Öztürk.

»Wie schlimm«, kommentierte ich.

Und endlich schaltete sich Konrad ein: »Wieso könnt ihr eigentlich nicht akzeptieren, dass sich Frauen auch ausleben möchten, für ihren Körper bewundert werden und körperlichen Spaß haben wollen. Wenn das Männer tun, findet ihr das auch nicht schlimm. Aber bei Frauen ist das ein Riesenproblem. Merkt ihr nicht, wie frauenfeindlich eure Religion ist?«

Öztürk und Murat wurden rot vor Wut. Um die Situation ein wenig zu entschärfen, meldete sich deshalb nun Herr Knaaf zu Wort: »Ich als Mann bin aber auch beleidigt, also nicht in Form von richtig beleidigt, aber ein bitterer Beigeschmack bleibt schon, wenn Frauen in jedem Mann, also auch in mir, einen potentiellen Vergewaltiger sehen und meinen, sich durch ein Kopftuch vor mir schützen zu müssen.«

So ging die Diskussion noch eine Weile weiter, bis die Stunde vorbei war. Öztürk beharrte darauf, dass der Islam nicht frauenfeindlich sei, da Zwangsehen, frauenfeindliche Gesetze, Burkas und all das gar nicht im Koran vorgeschrieben und nur auf die Kultur und falsche Interpretationen zurückzuführen seien.

In Wirklichkeit hielten viele die »falschen Interpretationen« für gar nicht so verwerflich, das zeigte sich im Schulalltag: »Du Jude!«, war ein gängiges Schimpfwort auf dem Schulhof. Die

Mädchen unternahmen ihr Möglichstes, um bloß nicht als »Schlampe« dazustehen, was gar nicht so einfach war. Denn um als »Schlampe« zu gelten, reichte es schon, als 18-Jährige einen Freund zu haben. Wohingegen ein Junge zum König wurde, wenn er eine nach der anderen abschleppte.

Die meisten Lehrer sahen tatenlos dabei zu, wenn sich entsprechende Szenen auf dem Schulhof abspielten. Und auch bei Kontroversen, die sehr oft im Unterricht entstanden, bezogen nur wenige Stellung. Die Plädoyers für Menschenrechte und Gleichberechtigung überließen viele ihren Schülern – obwohl es eigentlich Auftrag der Schule ist, Kinder zu Persönlichkeiten zu erziehen, die sich an den Grundfesten der westlichen Kultur orientieren. Wortwörtlich heißt es dazu im Berliner Schulgesetz: »Diese Persönlichkeiten müssen sich der Verantwortung gegenüber der Allgemeinheit bewusst sein, und ihre Haltung muss bestimmt werden von der Anerkennung der Gleichberechtigung aller Menschen, von der Achtung vor jeder ehrlichen Überzeugung und von der Anerkennung der Notwendigkeit einer fortschrittlichen Gestaltung der gesellschaftlichen Verhältnisse sowie einer friedlichen Verständigung der Völker. Dabei sollen die Antike, das Christentum und die für die Entwicklung zum Humanismus, zur Freiheit und zur Demokratie wesentlichen gesellschaftlichen Bewegungen ihren Platz finden.« Lehrer sind also eigentlich dazu verpflichtet, sich in Diskussionen einzumischen. An meiner Schule taten sie dies jedoch nie. Man merkte deutlich, dass sie Angst hatten, die religiösen Gefühle ihrer Schüler zu verletzen. Immer wieder erklärten sie sexistische Ansichten damit, dass es eben »so üblich sei in dieser Kultur«.

Immerhin gehörte es zumindest für die Schüler in meinem Jahrgang zum guten Ton, sich einigermaßen liberal und tolerant zu zeigen und sich auf Diskussionen über die Religion einzulassen. Das ließ mich anfangs auch in dem Glauben, es mit aufgeklärten Jugendlichen zu tun zu haben, die andere Positionen akzeptierten. Und ein Theaterstück, das meine Mitschüler aufführten, trug ebenfalls dazu bei.

Es war gerade Anfang Juni und die Stundenpläne schienen nur noch aus Eisessen und Kaffeetrinken zu bestehen. In den Klassenräumen war es zu heiß, um noch planmäßigen Unterricht abzuhalten und die Noten standen schon fest. Jene Schüler, die den Kurs Darstellendes Spiel belegt hatten, probten fleißig ihr Theaterstück, dessen Inhalt streng geheim war. Natürlich wollten auch Maike und ich uns die Aufführung nicht entgehen lassen. Auch weil es extrem unhöflich gewesen wäre, nicht einmal einen Donnerstagabend für etwas zu opfern, in das unsere Mitschüler so viel Zeit und Mühe gesteckt hatten. Ehrlich gesagt waren unsere Erwartungen an den Inhalt des Theaterstückes nicht gerade hoch. Wir nahmen sogar an, dass wir uns über die Darbietung lustig machen könnten und erwarteten einen Abend voller Fremdscham. Denn wenn das Niveau des Unterrichts schon so niedrig war, wie sollte dann ein von Schülern geschriebenes Stück halbwegs anspruchsvoll und gut werden?

Als der Abend der Aufführung endlich da war und die Lichter ausgingen, staunten wir nicht schlecht: Das Stück behandelte auf ironische Weise die Missverständnisse und Vorurteile, mit denen Jugendliche mit Migrationshintergrund oft konfrontiert werden, und davon, wie es sich anfühlt, Teil einer Kultur zu sein, die durch Sexismus geprägt ist. Eine der Hauptrollen spielte Achmed, ein hyperaktiv wirkender Junge, der eigentlich den ganzen Tag nur herumhampelte. Und zugegebenermaßen brachte er die Rolle des türkischen Machos, der seiner Schwester einen Freund zu verbieten versucht, authentisch rüber. »Männer haben eben Bedürfnisse«, war die zentrale Aussage, mit welcher er, der – wie wir wussten – im wahren Leben noch Jungfrau war, sein Verhalten im Theaterstück rechtfertigte. Am Ende des Stücks kam schließlich ans

Licht, dass die Figur, obwohl sie immer besonders männlich auftrat, noch kein einziges Mal Sex gehabt hatte, geschweige denn wusste, ob sie überhaupt auf Frauen stand.

Ich war begeistert, denn eigentlich hatte ich den meisten meiner Mitschüler soviel kritische Distanz nicht zugetraut. Anscheinend wussten sie, was der eine oder andere über sie und ihre Ansichten dachte, und konnten sich damit auf intelligente und ironische Weise auseinandersetzen. Das Theaterstück hatte mir gezeigt, dass meine Mitschüler sich ihrer Situation durchaus bewusst waren und diese auch kritisch hinterfragen konnten.

Erst einige Monate später wurde mir klar, dass diese reflektierte und selbstironische Sicht auf die Zustände nicht echt war. In Wahrheit verhielt man sich genauso, wie man es in der Schulaufführung parodiert hatte. Man tat das, was man auf der Bühne zuvor so heftig kritisiert hatte und von dem man wusste, dass es falsch war. Doch der Sexismus beeinflusste nicht nur das Leben der muslimischen Mädchen, er schlug sich auch auf meinen Alltag in und außerhalb der Schule nieder.

Alles fing mit Hakan an. Eines Vormittages, als ich gerade eine sich ewig hinziehende Doppelstunde Deutsch hinter mich gebracht hatte und nun mit Anna und ein paar anderen auf einer Bank im Korridor der Schule saß, erblickte ich Nico. Er stand mit einigen seiner Freunde etwas abseits und beriet sich mit ihnen. Damals war ich etwas in Nico verknallt. Deswegen lauschte ich ihrer Unterhaltung.

»Du kannst ja mal Viviane fragen, die kann das bestimmt. Sie hat sogar schon ein Buch geschrieben«, hörte ich Nico sagen.

Kurz darauf kam Hakan etwas verunsichert auf mich zu. »Kennst du vielleicht das Buch *Die Verwandlung* von Kafka?«, fragte er mich.

»Ja, das hab ich mal vor Jahren in meiner alten Schule gelesen«, antwortete ich. Im ersten Moment schätzte ich Hakan auf 15 Jahre und wunderte mich, warum Nico Freunde in den unteren Klassenstufen hatte.

»Kannst du dann für mich eine Analyse von einer Szene schreiben? Ich hab da so eine Klausur.«

Ich schluckte, denn eigentlich hatte ich noch viel zu erledigen und ganz und gar keine Zeit, Aufgaben für andere zu machen. »Ich kann es ja mal versuchen«, willigte ich trotzdem ein, denn ich wollte Nico imponieren. »In welcher Klasse bist du denn?«, fragte ich.

»In der 11.« Auch das ließ mich aus irgendeinem Grund nicht daran zweifeln, dass Hakan 15 Jahre alt war.

»Und bei welchem Lehrer hast du Deutsch?«, erkundigte ich mich.

»Frau Korha«, entgegnete er. Dabei hatte ich so sehr gehofft, er würde nicht ihren Namen nennen. Frau Korha war nämlich die strengste Deutschlehrerin der Schule. Auch ich hatte meine Probleme mit ihr.

»Ich habe *Die Verwandlung* aber vor Jahren das letzte Mal gelesen, mir fehlt deshalb das ganze Kontextwissen, das man für gewöhnlich aus dem Unterricht mitnimmt.« Ich hoffte, dass Hakan dies überzeugen würde, die Arbeit selbst zu schreiben.

»Aber du bist doch sicher so gut in Deutsch, dass du das auch ohne das Kontextwissen hinkriegst«, schmeichelte er mir und vor Nico hätte ich unmöglich widersprechen können. Also willigte ich ein, Hakan zu helfen.

An diesem Nachmittag rief mich Hakan ungefähr fünfmal an, um zu fragen, wie weit ich mit der Analyse sei. Da eine Analyse eines Buches, das ich vor Jahren das letzte Mal im Unterricht, noch dazu bei einer anderen Lehrerin in einem anderen Bundesland, besprochen hatte, nicht allzu einfach war, dauerte das Ganze seine Zeit.

Ich musste mich zuerst in das Buch hineinfinden, um überhaupt zu wissen, in welchem Kontext die zu analysierende Textpassage stand. Dabei rief ich mir immer wieder ins Gedächtnis, dass ich Nicos Freund half und dass ich deshalb nicht so einfach aufgeben könnte. Und tatsächlich: Am späten Abend war ich fertig.

»Wie alt bist du eigentlich?«, fragte ich Hakan, als ich ihn kurz vor Mitternacht traf, um ihm die Analyse zu übergeben.

»18.«

Ich schluckte. Da hatte ich mich aber gründlich verschätzt.

»Ich war ursprünglich in deinem Jahrgang, aber dann bin ich in der 9. Klasse sitzen geblieben«, erzählte er mir, während wir die dunkle Straße entlangliefen.

»Oh, warum das denn?«, wollte ich wissen.

»Ich war damals voll der Gangster und hab mich überhaupt nicht auf die Schule konzentriert. Ich habe mich mit den Lehrern angelegt und den Unterricht gestört. Und irgendwann waren meine Noten dann so schlecht, dass ich sitzen geblieben bin. Aber jetzt habe ich mich geändert«, behauptete er. »Und du? Wohnst du eigentlich alleine?«

»Ja.«

»Bekommst du Geld von deinen Eltern?«

»Nein, die Miete und das alles muss ich selbst zahlen.«

»Hmm, das würde ich, glaube ich, nicht schaffen. Ich bekomme ja demnächst sogar ein Auto von meinen Eltern. Einen Audi oder einen BMW«, sagte er stolz.

»Cool.«

»Warst du schon mal in der Türkei?«

»Nein.«

»Da musst du unbedingt mal hin«, sagte er und wechselte dann augenblicklich das Thema: »Du bist ja neu an der Schule. Wie findest du denn die ganzen Leute?«

»Die meisten sind echt nett, das hätte ich am Anfang gar nicht gedacht. Vor allem bei dem, was man immer so in den Nachrichten über Kreuzberg und Neukölln hört«, antwortete ich.

Während wir redeten, bemerkte ich, dass Hakans Handy immer wieder vibrierte. Er ignorierte die Anrufe. Erst als er eine SMS erhielt, wurde er ganz hektisch und wollte gehen. Mich beschlich der Verdacht, dass das wohl seine Eltern waren, die ihm anscheinend verboten hatten, zu so später Stunde noch draußen rumzulaufen.

»Was weißt du über Hakan?«, fragte ich Anna am nächsten Morgen.

»Der ist dumm, hässlich und dämlich«, beschrieb sie ihn mir. Sie schien nicht sein größter Fan zu sein. »Er war mal in meiner Klasse«, erklärte sie. »Aber ich hatte nie viel mit ihm zu tun. Das Einzige, was ich weiß, ist, dass er mit Natalia geschlafen hat.«

»Oh mein Gott, wann war das denn?«, wollte ich wissen, denn ich hatte nicht mitbekommen, dass Hakan in der Schule sehr viel mit Natalia zu tun hatte.

»Das ist schon länger her. Ich glaube, er war da 14«, entgegnete Anna.

Am Abend darauf wurde die Sache mit Hakan noch merkwürdiger. Mit der Analyse war alles glatt gelaufen. Er hatte sie zu Hause auf das spezielle Klausurpapier übertragen, das er wohl bei einer der letzten Arbeiten hatte mitgehen lassen und so hatte er die von mir verfasste Analyse ohne Weiteres abgeben können. Als ich mich am Abend bei Facebook einloggte, erhielt ich augenblicklich eine Nachricht von Hakan. In ihr stand nur eine Frage: »Wie groß ist dein Bett?« Ich dachte nicht daran, darauf zu antworten.

Erst als er mir am nächsten Abend dieselbe Frage noch einmal stellte, meldete ich mich bei ihm – was sich im Nachhinein als nicht allzu gute Entscheidung erwies. Wir schrieben ein wenig hin und her und sehr schnell machte er mir klar, was er von mir wollte: Er wollte eine Affäre. Ich solle aber auf keinen Fall irgendjemandem davon erzählen, er wolle es geheim halten. Ich fragte ihn, ob das Gerücht, dass er etwas mit Natalia gehabt hatte, stimmte. Die ganze Sache schaukelte sich mehr und mehr hoch und er erzählte mir von seinen Lieblingsstellungen. Schließlich wurde es mir zu krass und ich loggte mich aus. Das war also das wahre Gesicht des Vorzeigemoslems, der auf seinem Facebook-Profil ein türkisches Zitat hatte, das in etwa »Nur derjenige ist glücklich, der ein Moslem ist« bedeutete. So viel also zur Keuschheit bis zur Ehe.

Nach diesen Vorkommnissen wurde ich allmählich misstrauischer im Umgang mit meinen Mitschülern. Dabei wusste ich damals noch nicht, dass meine Erlebnisse mit Hakan erst der Anfang gewesen waren und alles noch schlimmer kommen sollte.

Das Schuljahr war zu Ende und die Sommerferien hatten bereits begonnen. Es war heiß und die einzige Abkühlung von der Hitze bot das in Kreuzberg gelegene Prinzenbad, das von den meisten meiner Mitschüler im Sommer besucht wurde. Das Schwimmbad hatte nicht unbedingt die beste Lage, denn es war umgeben von Plattenbauten. Doch zur Erfrischung genügte es allemal. Vor den Sommerferien war ich häufig mit Anna und Maike dort gewesen, doch nun war Anna für zwei Wochen mit einer anderen Freundin bei deren Familie in Kairo und Maike war nach Husum gefahren. Also war ich vorerst alleine in Berlin. Doch das störte mich nicht besonders, denn die meiste Zeit musste ich ohnehin arbeiten. Ich wollte so viele Überstunden wie möglich sammeln, um diese dann abbummeln zu können, wenn ich wieder Schule hatte. Bei vierzig Grad im Schatten in einem Laden ohne Klimaanlage Donuts zu verkaufen war nicht gerade die schönste Beschäftigung, doch was sollte ich tun? Damit ich nicht allzu sehr in dem heißen Laden durchgekocht wurde und auch nicht wegen der vielen Donuts und kalorienhaltigen Erfrischungsgetränke zunahm, ging ich fast jeden Morgen ins Schwimmbad, um ein paar Bahnen zu schwimmen. Mittags, wenn ich wieder aufbrechen musste, um mich meiner Arbeit zu widmen, trudelten meist Achmed und Nico dort ein.

»Viviane, komm doch auch zu Faruks Party«, lud mich Nico eines Tages ein. Und ich freute mich unglaublich darüber.

Doch die Party sollte nicht so enden, wie ich es mir erhofft hatte: Es waren nur unerträgliche Menschen anwesend. Allen voran die Mädchen, die sich über Augenbrauenzupftechniken unterhielten und ohne auch nur einen Tropfen Alkohol getrunken zu haben völlig außer Rand und Band durch das Wohnzimmer sprangen. Und dass Taneja auf Nicos Schoß lag und über irgendeinen Quatsch redete, gab meiner guten Stimmung den finalen Todesstoß. Als die Jungs irgendwann anfingen zu trinken und ich es ebenfalls tat, beäugte Derya das argwöhnisch. Sie hielt nichts von Alkohol. Man merkte ihr deutlich an, dass sie es nicht befürwortete, dass ich als Mädchen mit den Jungen Tequila trank. Doch genau von dieser Art von Ansichten musste ich mich dringend ablenken. Und Süleyman erhoffte sich offensichtlich, einen Vorteil herausschlagen zu können. Er bemühte sich aktiv darum, dass ich Alkoholnachschub erhielt. Umgangssprachlich ausgedrückt: Er versuchte, mich abzufüllen.

»Darf ich dich küssen?«, fragte er, als er den Eindruck hatte, dass ich schon ganz schön angetrunken war.

»Nein«, antwortete ich und drehte mich weg.

Achmed hatte die Szene beobachtet: »Komm mal mit«, sagte er und zog mich nun am Arm in einen Raum, von dem ich heute nicht mehr sagen kann, ob es sich um einen begehbaren Kleiderschrank, eine Abstellkammer oder keines von beiden handelte. Er zog die Tür hinter sich zu und wir waren allein. »Gib Süleyman eine Chance«, forderte er mich auf.

»Nein, er ist nicht mein Typ«, erwiderte ich.

»Aber er steht auf dich.«

»Ich finde ihn ja auch nett und alles, aber eben nur als Freund. Er ist nun einmal überhaupt nicht mein Typ.« Ich blieb standhaft und war selbst über mein Taktgefühl überrascht. Denn eigentlich kannte ich Süleyman nur flüchtig und fand ihn ziemlich unangenehm.

Zu allem Überfluss holte Achmed nun Süleyman dazu, dem ich das alles noch einmal im ungefähr selben Wortlaut und mit dem gleichen Taktgefühl erklärte. Danach entfernte ich mich aus dem Raum.

Es dauerte nicht mehr lange, bis sich die meisten Partygäste auf den Weg nach Hause machten. Einige andere entschieden sich, zuerst zu Süleyman zu fahren und von dort aus zum McDonald's zu gehen – ich schloss mich ihnen an, immerhin war Nico unter ihnen. Auf dem Weg redete ich die ganze Zeit mit ihm. Ich fand ihn interessant und war neugierig darauf zu erfahren, wie er als einziger Deutscher unter seinen Freunden zurechtkam.

»Ist das nicht manchmal komisch, wenn die alle Türkisch reden und man nichts versteht?«, fragte ich ihn.

»Nein, man gewöhnt sich dran.«

»Wurdest du schon mal verprügelt?«, fragte ich Nico.

»Ja, schon viermal«, antwortete er und blickte zu Boden.

»Meine Güte, war das schlimm?«, wollte ich entsetzt wissen.

»Na ja, Platzwunden und blaue Augen halt. Wenn mehrere Leute dich angreifen, kannst du dich einfach nicht wehren, egal wie stark du bist«, erklärte er mir.

Die Gruppe trennte sich bald. Nico und Eyup kehrten zu Süleyman zurück, da Eyup schlafen wollte. Ich lief unterdessen mit Achmed den Weg zum Kottbusser Tor entlang.

»Aber wenn du nicht auf Süleyman stehst, auf wen stehst du denn dann?«, hakte Achmed nach.

»Auf niemanden«, blieb ich standhaft, denn ich wusste, dass Achmed die größte Klatschtante der Schule war.

»Ist Nico eher dein Typ?«, fragte er.

»Ja, schon eher«, gab ich zu. Denn eigentlich war es nicht allzu schwer, darauf zu kommen, dass ich mich in Nico verliebt hatte.

Am nächsten Tag im Schwimmbad fragte mich Derya, wie die Party noch gewesen sei. Ich erzählte ihr die Geschichte mit Süleyman. »Süleyman ist auf Partys nicht so wählerisch, was Mädchen angeht. Aber wenn er es ernst meint, sucht er sich die Mädchen schon genauer aus«, erklärte sie mir.

Zuerst war ich ein wenig perplex. Wollte sie mir etwa sagen, ich wäre hässlich? Erst einige Minuten später kam ich auf die wahre Bedeutung von Deryas Aussage: Süleymann dachte wohl, er könne mit jemanden nichttürkischer Abstammung ganz unverfänglichen Spaß haben. Später würde er sich dann aber eine Muslimin suchen, die noch Jungfrau war. Ich ärgerte mich im Nachhinein, ihm auf so taktvolle Art und Weise beigebracht zu haben, dass ich nichts von ihm wollte.

Zwischen Nico und mir herrschte in den nächsten Wochen Funkstille, bis wir eines Abends über Facebook chatteten. Er wollte mit Freunden feiern gehen und auch Anna und ich planten, auf eine Party zu gehen. Ich erzählte ihm davon, dass wir nach Spandau zu einem Freund fahren würden, in den Anna ziemlich verknallt war. Danach verabschiedeten wir uns voneinander.

Der Abend in Spandau plätscherte so vor sich hin, bis plötzlich mein Handy klingelte. »Was ist, wenn das Nico ist?«, scherzte ich, während ich es aus meiner Tasche hervorkramte. Was dann folgte, sah wahrscheinlich relativ dämlich aus. Es war nämlich tatsächlich Nico und dies veranlasste mich dazu, aufzuschreien und mit dem Handy in der Hand durch das Zimmer zu hüpfen.

»Hi, wie geht's?«, fragte Nico, als ich seinen Anruf entgegennahm.

»Gut, und dir?«

Darauf folgte das übliche Blabla und schließlich lud er uns ein, ihm und seinen Kumpels Gesellschaft zu leisten. Von dieser Idee war ich begeistert, auch wenn mir mein Verstand sagte, dass es nicht allzu gut ausgehen könnte, wenn ich mitten in der

Nacht aus Spandau nach Kreuzberg fahren würde. Aber was soll's?, dachte ich mir. Und schon machte ich mich mit Anna, die von der ganzen Geschichte nicht sehr angetan war, auf den Weg.

Eine Stunde später, die mir wie eine Ewigkeit vorkam, trafen wir Nico und seinen Freund Marius. Gemeinsam gingen wir zur Wohnung von Eberhard, der zum Jahrgang unter uns gehörte. Nico und Marco waren ziemlich betrunken und Eberhard schlief schon, also legten Nico und ich uns zusammen auf eine ausgeklappte Couch und guckten *Two and a half men*. Mit der Zeit machte sich Nico immer mehr an mich ran und küsste mich. Wir knutschten ziemlich wild herum und irgendwann landeten wir im Badezimmer, wo Nico mit mir schlafen wollte. Das ging mir dann aber doch ein wenig zu schnell und während ich die Tür wieder aufschloss, meinte Nico: »Du bist also nicht so ein Mädchen.«

Was für ein Mädchen sollte ich denn sein? Oder besser gesagt, was für ein Junge war er denn?

Es war schon wieder hell draußen, als Anna und ich uns auf den Nachhauseweg machten. Ich überlegte, wie ich Nico klarmachen konnte, dass ich nichts mehr von ihm wissen wollte: Diese Nacht hatte meine Gefühle für ihn gekillt. Da konnte auch eine SMS nichts mehr ändern: »Vergiss.was. gerade war. Keine Hoffnung machen, weil ich war besoffen. Und niemandem erzählen, wir haben.nur.geredet. «

Der erste Gedanke, der mir durch den Kopf ging, war, dass er das Leerzeichen wohl nicht mehr gefunden hatte, der zweite machte mich – euphemistisch ausgedrückt – leicht wütend. Anna, die neben mir auf der Bank am Bahngleis saß und ebenfalls auf die U-Bahn wartete, hatte die SMS mitgelesen und sah mich so an, als befürchtete sie, dass ich gleich losheulen würde. Doch dem war nicht so.

»Was denkt der eigentlich, wer er ist?«, schnaubte ich zornig. »Der hält sich wohl echt für den tollsten Typen der Welt.« Ich war außer mir, so außer mir, wie man es eben ist, wenn ein Kerl, in den man monatelang verknallt war, so eine SMS schreibt.

Zu allem Überfluss kam einige Minuten später eine zweite Kurznachricht mit dem Inhalt: »Scheißegal.ich hab morgen sowieso alles vergessen.«

Das machte die ganze Situation nicht gerade besser und so wog ich in Gedanken schon ab, welcher Racheakt wohl am wirkungsvollsten sein würde. Dass ich niemandem von den Vorkommnissen erzählen würde, konnte er getrost vergessen, dachte ich mir. Die Nachricht, dass er sich wie der letzte Idiot verhalten hatte, musste zum richtigen Zeitpunkt unter die Menschen gebracht werden.

Und dieser Zeitpunkt kam einige Wochen später, nachdem mir Nico eine nächtliche SMS geschrieben hatte, in welcher er mich aufforderte, ihn in Ruhe zu lassen. In den Herbstferien waren Anna und ich in einem Club feiern gewesen und hatten dort »zufälligerweise« Nico und Achmed getroffen. Diesen »Zufall« hatte ich insofern provoziert, als dass ich in den Wochen davor über ein falsches Facebookprofil dafür gesorgt hatte, dass wir uns in diesem Club auch wirklich trafen. Dort kam eins zum anderen und so geschah es, dass ich mit Achmed herumknutschte. Gegen Achmed hatte ich nichts, ich fand ihn sogar ziemlich süß – er hatte die Ausstrahlung eines Teddybären, war also echt knuddelig.

Jedenfalls schien dieser Zwischenfall Nico ganz und gar nicht zu schmecken und so hasste er mich jetzt noch mehr als zuvor. Auch wenn ich das nicht ganz nachvollziehen konnte. Schließlich hatte ich ihm ja nichts getan – noch nicht.

Man konnte gar nicht so schnell gucken, wie sich das Gerücht in der Schule verbreitete. Im Kunstunterricht hatte ich Justus von der Geschichte in Eberhards Bad erzählt und ihm ausdrücklich die Erlaubnis gegeben, es weiterzutratschen. Nachdem Justus die heißen Neuigkeiten Can in der darauffolgenden Pause berichtet hatte, rannte dieser zu Yasin, um auch ihn daran teilhaben zu lassen, wobei die Betonung auf »rannte« liegt. In weniger als zehn Minuten wusste der ganze Jahrgang von der Sache.

Das konnte ich deshalb so genau feststellen, weil am Ende der Zehn-Minuten-Pause zwischen der vierten und fünften Stunde eine wütende SMS von Nico auf meinem Handy einging und der hatte in einem ganz anderen Stockwerk Unterricht. In meiner alten Schule hatte ich nicht die Erfahrung gemacht, dass sich Skandale mit Schallgeschwindigkeit ausbreiteten, doch genau das war hier der Fall. Die Empörung war groß – bei allen Beteiligten und Nichtbeteiligten.

Für besonderes Aufsehen sorgte jedoch nicht Nicos Fehlverhalten, sondern das Detail, dass ich sowohl mit Nico als auch mit Achmed herumgeknutscht hatte. Doch was war daran so schlimm? Nico knutschte ja auch ständig mit irgendwelchen Mädchen aus dem Jahrgang herum, die alle miteinander befreundet waren. Die Antwort war so einfach wie schockierend: weil ich ein Mädchen bin.

In meiner Kreuzberger Schule herrschte nämlich die unausgesprochene Übereinkunft, dass für Jungen und Mädchen unterschiedliche Verhaltensregeln gelten. Die Jungen feierten Partys, betranken sich, gingen in Clubs und versuchten, Mädchen flachzulegen. Die meisten Mädchen, oder besser gesagt die, die keine »Schlampen« waren, verhielten sich gegenteilig: Feiern fiel bei ihnen komplett aus. Sie tranken keinen Alkohol und hatten das Ziel, wie es Derya so treffend formulierte, »eine gute Frau für ihren späteren Mann zu sein«. Das war stets die oberste Priorität. Selbstvertrauen hatten diese Mädchen nicht.

»Wie sieht es denn bei euch aus, denkt ihr auch, dass man es mit harter Arbeit bis ganz nach oben schaffen kann?«, hatte eine amerikanische Austauschlehrerin mal im Englischunterricht gefragt.

»Nein, die einzige Möglichkeit, die man als Frau hat, um an Geld zu kommen, ist, einen reichen Mann zu heiraten«, hatte ihr Hilal damals völlig überzeugt erklärt.

Dies war die Einstellung der meisten Mädchen. Obwohl sie kurz vor dem Abitur standen, war ihr einziges Ziel für die Zukunft: den richtigen Mann heiraten. Und viele meiner Klassenkameradinnen waren schon froh, wenn sie sich ihren Gatten selbst aussuchen durften.

Während die amerikanische Austauschlehrerin sichtlich schockiert war, zeigte meine eigentliche Englischlehrerin keine Regung. Es sah so aus, als sei es für sie das Normalste der Welt, dass weibliche Abiturienten nichts Besseres im Sinn hatten, als sich auf ihre Tätigkeit als Hausfrau vorzubereiten. Den Lehrern war es anscheinend egal, was für Vorstellungen an ihrer Schule dominierten – oder sie hatten sich einfach damit abgefunden, dass sie nichts an ihnen ändern konnten.

Es war ein Post auf Facebook, der mich komplett ausrasten ließ. »Du benimmst dich wie eine Nutte, um Aufmerksamkeit zu erhalten «, lautete Achmeds Statusmeldung.

Ich wusste natürlich, dass er mich mit seiner Nachricht meinte, und kommentierte: »Wieso tut man nicht nur das, wozu man nachher auch stehen kann?«

Jetzt mischte sich Yasin ein, ein etwas kleinerer, dünner Junge, der seine Freizeit mit Boxtraining verbrachte und die Kunststunden mit Berechnungen, wann 2Pac wieder auferstehen würde, verplemperte. Ich solle doch ein Buch über dieses Thema schreiben, schlug er mir vor. »Guter Vorschlag. Der Protagonist wäre dann ein Junge, der Mädchen auf Toiletten vögelt und in der Schule den Lehrern in den Arsch kriecht«, antwortete ich.

Nico war der Nutznießer der besonderen Stellung von Jungen an meiner Schule: Er genoss das volle Ansehen der Mädchen und Jungen und musste – anders als seine muslimischen Freunde – nicht regelmäßig in die Moschee gehen oder fasten.

Und der Ramadan war für die meisten meiner muslimischen Mitschüler ein wirkliches Problem.

»Hier hast du 2 Euro, kannst du mir mal was vom Bäcker holen?«, bat mich Bahar.

Ich war ein wenig verwirrt. »Warum holst du dir das nicht einfach selbst?«

»Es ist doch jetzt Ramadan. Ich will nicht, dass ich gesehen werde, wenn ich was in der Schule esse«, erklärte sie mir.

Wie viele meiner Klassenkameradinnen war auch Bahar Muslimin und durfte während des Ramadans eigentlich weder essen noch trinken – nicht einmal Wasser. Doch weil ihr der Magen knurrte, bat sie mich, ihr zu helfen – sie hatte Angst, dass man sie in der Schule für eine schlechte Muslimin halten könnte, wenn sie jemand beim Bäcker erwischte. Deshalb kaufte ich ihr Essen und trug es durch die Schule. Und jedes Mal, wenn sie sich unbeobachtet fühlte, reichte ich es ihr rüber, damit sie einen Bissen von ihrem belegten Brötchen nehmen und einen Schluck Kaffee trinken konnte. Während des Fastenmonats ließ die Qualität des Unterrichts an meinem Gymnasium noch einmal erheblich nach. Denn von Schülern, die den ganzen Tag über nichts aßen und noch nicht einmal etwas tranken und deswegen mit Kopfschmerzen auf ihren Plätzen kauerten, konnte kein Lehrer Mitarbeit verlangen. Viel zu oft huschten die Blicke der Hungrigen zur Uhr. Die Stunden bis zum Sonnenuntergang wurden gezählt, denn erst ab dann war es den Muslimen wieder erlaubt, zu essen und zu trinken. Einige Schüler blieben während des Ramadans bis spät in die Nacht wach, um mit Verwandten zusammenzusitzen oder einfach nur den während des Tages entstandenen Hunger zu bekämpfen, und standen sprichwörtlich vor dem Morgengrauen auf, um Nahrung zu sich zu nehmen, bevor dies wieder verboten war.

Nico hatte diese Nachteile nicht. Er war der Playboy aus dem Jahrgang. Allerdings nur außerhalb der Schulzeiten. Wenn es klingelte, war er es, der ganz brav dasaß, immer die Hausaufgaben hatte und sich anbot, um den Lehrern beim Tragen der Wörterbücher zu helfen. Er beteiligte sich immer am Unterricht, wobei er nie eine kontroverse Meinung vertrat, und passte sich der Situation in der Schule gänzlich an. Man kann nicht genau sagen, ob er nur im alkoholisierten Zustand zum Aufreißer wurde und jedes Mädchen anmachte, das nicht bei drei auf den Bäumen war, oder ob dies seine Vorstellungen zum Umgang mit Frauen waren.

Selbst vor seinem engeren Freundeskreis machte Nico keinen Halt. Mit Taneja war er schon lange gut befreundet. Es war jedoch offensichtlich, dass sie mehr als nur Freundschaft wollte. Immer wenn sie ihn sah, versuchte sie, möglichst gut auszusehen, was sich zum Beispiel darin äußerte, dass sie im Sommer die ganze Zeit ihre langen dunkelbraunen Haare unter Zuhilfenahme eines Ventilators vor seinem Gesicht herumfliegen ließ. Auf jeden Fall schien Nico ihre Gefühle nicht zu erwidern, was ihn jedoch nicht davon abhalten konnte, auch mit ihr herumzuknutschen. Es ist zu vermuten, dass Nico ihr danach klarmachte, dass er nichts von ihr wollte. Normalerweise hätte solch ein Vorfall eine Freundschaft in Mitleidenschaft gezogen, doch nicht so bei Taneja und Nico – sie sind bis zum heutigen Tag gut befreundet und Taneja ist noch so verknallt in Nico wie eh und je.

Es schien also, als würde Nicos Verhalten bei niemandem für Verstimmung sorgen und so war er sich seiner Sache völlig sicher – so sicher, dass er mich gleich auf Facebook anschrieb und herummeckerte, dass ich doch nichts Schlechtes über ihn posten könne.

In den nächsten Tagen waren einige meiner Mitschüler sauer auf mich, weil ich die Sache mit Achmed und Nico herumerzählt hatte. Sie hielten mich für eine Schlampe, denn so ein Verhalten gehörte sich für ein Mädchen ganz und gar nicht. Doch das störte mich nicht im Geringsten. Warum sollte ich mich ihren

Vorstellungen, wie ein Mädchen sein sollte, anpassen und leise sein, wenn es Nico befahl?

»Wieso freust du dich eigentlich darüber, wenn dich einige hassen?«, fragte mich Marius in einer Biostunde, als ich gerade damit beschäftigt war, eine Liste mit all den Leuten zu erstellen, die ich in der letzten Zeit nicht mehr in die Kategorie »Freund und Helfer« einordnen konnte.

Marius war einer der wenigen Deutschen in meinem Jahrgang. Im Gegensatz zu Nico hing Marius meist mit Mädchen rum und übernahm deren Verhaltensweisen. Schon oft hatten Maike, Anna und ich über Möglichkeiten gegrübelt, mit denen es uns gelingen würde herauszufinden, ob Marius schwul war. Wahrscheinlich hatte er sich selbst darüber noch keine Gedanken gemacht oder war vollkommen asexuell. Seine besten Freundinnen waren allesamt noch Jungfrauen und hatten mit 18 Jahren noch nicht einmal einen Jungen geküsst und so verhielten sie sich auch. Wenn man ihnen zu nahe kam, konnte man nur ein ohrenbetäubendes Gekreische und Gekichere vernehmen.

»Die können mich ruhig hassen. Ich weiß, dass ich im Recht bin. Wieso sollte ich denn nachgeben und mich so behandeln lassen?«

Darauf konnte mir Marius keine Antwort geben. Er selbst lebte nach der Devise: Bloß nicht auffallen. Er passte sich um jeden Preis an – zwar anders als Nico es tat, doch prinzipiell mit dem gleichen Ziel.

In den nächsten Tagen und Wochen hielt Marius ein wenig Abstand von mir. Nur wenn seine anderen Freunde nicht dabei waren, grüßte er mich. Ansonsten war ich Luft für ihn und das, obwohl er anfangs auf meiner Seite gestanden hatte. Doch das war mir egal. Dann diente er eben nur noch als Übermittler von Nachrichten für diejenigen Mitschüler, die nicht mehr mit mir redeten. Zwar sagte ich ihm das nicht, jedoch war ich mir ziemlich sicher, dass er all das, was ich ihm mitteilte, weitererzählte.

Nach einigen Monaten, in denen mich Nico und Achmed im Vorbeigehen böse angesehen oder mich vollkommen ignoriert hatten, folgte eine kleine Wende. Auf der Abiparty, die in einem Club stattfand, schlug Achmed vor, sich wieder zu vertragen. Das Ganze sei nur »Kindergartenkram« gewesen, sagte er. Ich willigte ein, da ich zumindest an diesem Abend keine Lust hatte, um bestimmte Leute einen großen Bogen zu machen. Der Abend endete damit, dass Achmed nun ebenfalls mit mir schlafen wollte. Ich lehnte nicht sehr dankend ab und machte mich einige Minuten später mit Maike auf den Heimweg, da sich die Party ohnehin schon in einem fortgeschrittenerem Stadium befand und die meisten sowieso schon weg waren.

Es war im Deutschunterricht, als ich das erste Mal von einer Klatsch-und-Tratsch-Website mit dem Namen *Isharegossip.com* erfuhr. Darauf sollte man angeblich Gerüchte über seine Klassenkameraden verbreiten können. Diese Möglichkeit hatten auch einige Schüler meines Gymnasiums genutzt, um diverse Mädchen als »Schlampe« oder »Hurentochter« zu beschimpfen. Ein Mädchen aus der 12. Klasse war als »Lesbe« bezeichnet worden, woraufhin sie denjenigen, der dies im Internet postete, in der Schule zur Rede stellte. Die Situation eskalierte derart, dass sie am Ende mit einer gebrochenen Nase im Krankenhaus lag.

Sofort als ich nach Hause kam, suchte ich nach der Website, um mir selbst ein Bild von den Lästereien machen zu können. Und was ich dort zu sehen bekam, entsetzte mich. Da wurde auf wüsteste Art und Weise geschimpft, beleidigt, gemobbt und die am meisten benutze Phrase war wohl »Ich fick deine Mutter!«. Was sich da in der vermeintlichen Anonymität des Internets offenbarte, war grauenhaft. Einige benutzten das Wort »Katholiker« als Beschimpfung, andere nutzten »Jude«, um herumzupöbeln. Das alles ließ deutlich erkennen, aus welcher Richtung der Wind an meiner Schule wehte.

»Das ist echt schlimm mit den vielen türkischstämmigen Kindern«, erzählte mir eine Lehrerin hinter vorgehaltener Hand. »Vor allem in den unteren Klassen kann man kaum noch normalen Unterricht machen. Die meisten haben überhaupt keine Allgemeinbildung. Die Eltern achten nicht darauf, dass ihre Kinder zu Hause was lernen. Es ist echt schwer, in diesen Klassen noch jemanden zu finden, der ordentlich Deutsch sprechen kann und bei dem nicht jedes zweite Wort ein türkisches ist. Die Siebtklässler können ja so gut wie gar nichts, wenn sie auf unsere Schule kommen. Das geht über Kindergartenniveau nicht hinaus«, beklagte sie sich. »Aber sag bloß keinem, dass ich dir so etwas gesagt habe.«

Darüber, dass an meiner Schule etwas nicht stimmte, waren sich viele im Klaren. Besonders in den unteren Klassenstufen waren augenscheinlich immer weniger Kinder ohne Migrationshintergrund.

»Wo soll man sich denn hier integrieren?«, stellte mein Politik-und-Wirschaft-Lehrer einmal die alles entscheidende Frage. »Hier gibt es ja quasi nur Migrantenkinder. Wie soll sich hier denn jemand der deutschen Kultur nähern, wenn diese hier nicht existiert?« Er war einer der wenigen, die diese Probleme auch im Unterricht offen ansprachen. Von den übrigen Lehrern wurden sie weitestgehend totgeschwiegen.

*

In den Medien wurde meine Schule für ihr Engagement gegen den Rassismus gelobt und das Theaterstück erhielt sogar einen Preis, auf den alle Beteiligten sehr stolz waren. Doch wie konnte es sein, dass diejenigen Schüler, die sich öffentlich gegen Intoleranz stellten, im Privaten genau das Gegenteil machten? Ist es normal, dass dies alles unter Schülern eines deutschen Gymnasiums abläuft? Sollte man nicht generelle Regeln für das

Miteinander aufstellen? Warum verhindert man nicht, dass an manchen Schulen eine Kultur dominiert, die der freiheitlichen Tradition widerspricht? Wieso darf sich eine Schule »Schule ohne Rassismus« nennen, an der die Intoleranz kaum größer sein könnte?

Was ich daraus gelernt habe:

Man muss vorsichtig sein. Denn manche – damit meine ich nicht nur Schulen – schmücken sich mit Titeln, denen sie nicht gerecht werden können und andere tun so, als seien sie tolerant, obwohl sie es nicht sind.

Was ich Schülern rate:

Steht zu eurer eigenen Meinung und ordnet euch nicht einfach so der Mehrheit unter.

Was sich ändern sollte:

An Schulen sollte mehr Aufklärungsarbeit stattfinden. Darüber hinaus sollten auch Lehrer deutlicher Stellung beziehen, wenn es darum geht, dass Schülerinnen nicht an Klassenfahrten oder am gemischten Sportunterricht teilnehmen dürfen. Unterdrückung darf nicht geduldet werden! Und Lehrer sind eigentlich in der Pflicht, gegen sie vorzugehen.

8. Kapitel

VORTEIL: HARTZ IV

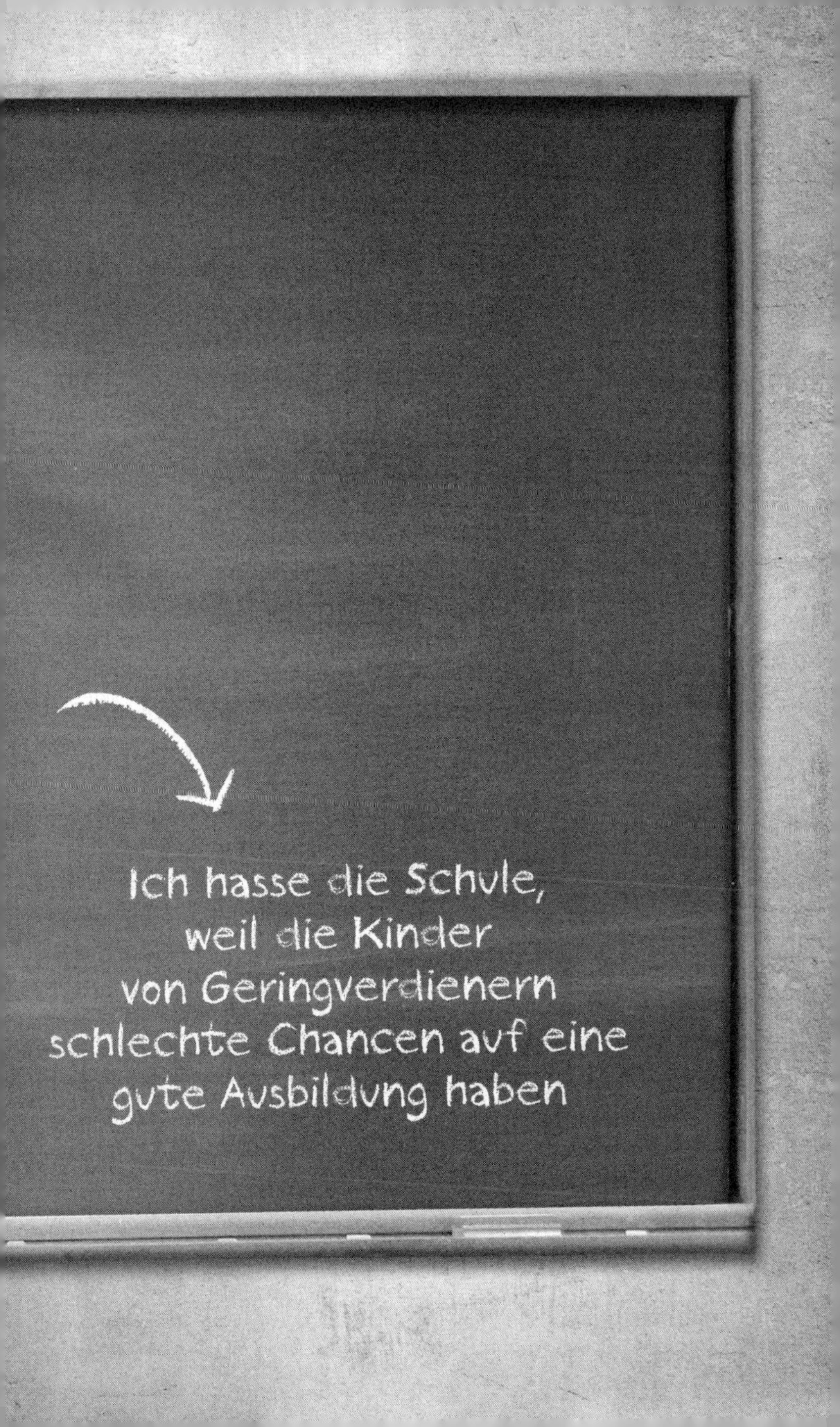
Ich hasse die Schule,
weil die Kinder
von Geringverdienern
schlechte Chancen auf eine
gute Ausbildung haben

In der 8. Klasse dachte ich zum ersten Mal über Chancengleichheit nach. Ich interessierte mich schon seit Längerem für ein Austauschjahr in den USA, doch hatte ich mich bis dato noch nicht ausführlich mit der Finanzierung beschäftigt. Das nahm ich erst jetzt in Angriff. Mindestens 6.000 Euro würde der Aufenthalt kosten, sagte mir die freundliche Frau der Austauschorganisation – zu viel für mich und meine alleinerziehende Mutter. Teilstipendien würden vergeben – manchmal und auch nur in Höhe von 1.500 Euro. Und wie sollte ich bitte den Rest zahlen?, fragte ich mich. Denn wenn ich 4.500 Euro aufbringen können würde, dürfte es mir doch auch nicht besonders schwerfallen, die restlichen 1.500 Euro aufzutreiben, was bräuchte ich denn dann noch ein Teilstipendium?

Meine ganze Hoffnung setzte ich auf die wenigen Vollstipendien, die von einigen Organisationen und vom Bundestag vergeben wurden. Die Chance, eines zu bekommen, war zwar verschwindend gering. Aber versuchen kann ich es ja, dachte ich mir. Oder besser gesagt, ich war der festen Überzeugung, dass es schon irgendwie klappen und ich in spätestens zwei Jahren fröhlich in Amerika sitzen würde.

Doch so einfach war das mit der Stipendiumsbewerbung gar nicht: Man musste eine Fülle an Unterlagen einreichen, unter anderem eine Beurteilung der Persönlichkeit, ausgestellt vom Klassen- oder Englischlehrer. Und das stellte für mich bereits eine erhebliche Hürde dar: Meine Klassenlehrerin, eine sehr nette Frau, war soeben in Mutterschutz gegangen und wurde von meiner Musiklehrerin vertreten, die meine Klasse noch nicht lange unterrichtete und mich demzufolge auch nicht gut genug kannte. Das sagte sie mir auch und weigerte sich, mir die Beurteilung auszustellen. So stand ich fürs Erste ohne Beurteilung da.

Doch so schnell gab ich mich nicht geschlagen, schließlich wollte ich dieses Jahr an einer amerikanischen Highschool unbedingt. Also ging ich zu meiner Englischlehrerin, die mich schon drei Jahre lang bis zu vier Stunden pro Woche unterrichtete, weshalb ich davon ausgehen konnte, dass sie mich etwas besser kannte. Doch weit gefehlt – auch sie berief sich darauf, mich nicht richtig einschätzen zu können. Stattdessen verwies sie mich wieder an meine alte Klassenlehrerin, die gerade Zwillinge bekommen hatte.

Als meine Mutter von der ganzen Geschichte hörte, war sie stocksauer. Ich war in all den Jahren eine gute Schülerin gewesen, die nie negativ aufgefallen war, und jetzt erwies es sich plötzlich als riesiges Problem für die Lehrer, handschriftlich eine DIN-A4-Seite über mich zu verfassen? Also ging meine Mutter zum Direktor und forderte, dass ich eine Beurteilung von irgendeinem Lehrer bekam. Meine Deutschlehrerin erbarmte sich schließlich und schrieb sogar zwei Seiten darüber, was für eine gute Schülerin ich war. Jetzt musste ich nur noch einen Aufsatz darüber verfassen, warum ich so gern ein Auslandsjahr machen wollte und warum die Stipendienorganisation gerade mich auswählen sollte.

Mit meiner Bewerbung kam ich direkt in die zweite Runde des Auswahlverfahrens, in der ein Bewerbungsgespräch auf mich wartete. Am Tag dieses Interviews musste ich mit dem Zug in eine benachbarte Kleinstadt fahren. Nachdem ich mich bis zum entsprechenden Gebäude, einer Abendschule, durchgefragt hatte, war ich überrascht von den Mitbewerbern – oder besser gesagt meinen Konkurrenten. Nach und nach kamen sie in großen schicken Autos angebraust, aus denen sie gutgelaunt ausstiegen und von ihren Eltern mit Küssen und Umarmungen verabschiedet wurden. Warum brauchen die denn bitte ein Stipendium?, fragte ich mich.

Die erste Aufgabe der Jury lautete, dass wir ein kurzes Referat vorbereiten und es dann vor der Gruppe halten sollten. Zudem wartete ein kleiner Englischtest auf uns, in dem wir grammatische Fragen per Ankreuzen beantworten und einiges über die amerikanische Politik auf Englisch berichten mussten. Während alle fieberhaft versuchten, die richtigen Antworten zu finden, wurden wir einer nach dem anderen herausgerufen und mussten in einem Einzelgespräch unsere Kenntnisse über die deutsche Politik unter Beweis stellen. Ein wenig aufgeregt war ich schon, als ich die Tür zu dem Raum öffnete, in dem das ältere Ehepaar saß, das die Jury bildete. Ich setzte mich an einen Tisch. Vor mir lag das Werbeplakat für das Stipendienprogramm, auf dem die deutsche und die amerikanische Flagge und die jeweiligen Regierungssitze abgebildet waren.

»Kannst du mir sagen, welche Parteien gerade im Bundestag vertreten sind?«, fragte die Frau und strich sich dabei durch ihre grauen Haare.

Ich war erleichtert, denn genau auf diese Frage hatte ich mich vorbereitet. »Also«, begann ich, »die CDU, die SPD, die Grünen, die FDP und die Linken.«

Die Frau schien, zufrieden zu sein. Es kamen noch einige Fragen zum deutschen Wahlsystem und ich konnte die Jury mit meinem Wissen über die Erst- und Zweitstimmenabgabe und das Kumulieren und Panaschieren zufriedenstellen. Nach zehn Minuten, in denen mein Gefühl immer besser wurde, weil ich auf jede Frage die passende Antwort wusste, signalisierte mir der Mann mit Halbglatze, dass mein Einzelgespräch nun vorbei war. Ich wollte gerade von meinem Stuhl aufstehen, da blieb sein Blick beim letztmaligen Durchgehen meiner Unterlagen auf dem Blatt mit meinen allgemeinen Daten kleben.

»Ich hab noch eine Frage«, meinte er beiläufig. »Da steht, dass dein Vater unbekannt ist. Was hat es denn damit auf sich?«

»Na ja, das heißt, dass ich meinen Vater nicht kenne«, meinte ich. Was hätte ich denn auch anderes erwidern können?

Die beiden guckten ein wenig verdutzt und schlagartig überkam mich das Gefühl, dass das wohl kein gelungenes Ende für mein Auswahlgespräch war.

Mit diesem schlechten Gefühl im Bauch machte ich mich auf den Weg zurück. Man hatte uns erklärt, dass wir erst zwei Monate später per Post mitgeteilt bekämen, ob wir es in die letzte Runde geschafft hatten. Danach würde der Abgeordnete unseres Wahlkreises entscheiden, wer das Stipendium erhielt. Anfang Dezember, einen Tag vor meinem 15. Geburtstag, fand ich schließlich einen Umschlag im Briefkasten. Er war relativ dünn und wie fast alle dünnen Briefe begann er mit den Worten »Es tut uns leid, Ihnen mitteilen zu müssen, dass …«. Blablabla. Ich war natürlich enttäuscht, denn einen Funken Hoffnung hatte ich bis dahin noch gehabt. Aber bei nur fünf Plätzen in der Endrunde und fast fünfzig Bewerbern, hatte ich eigentlich von Anfang an keine Chance gehabt.

Und so kam es, dass ich die Erste aus meiner Klasse war, die sich Gedanken darüber gemacht hatte, ihre Englischkenntnisse bei einem Auslandsaufenthalt aufzubessern, und auch die Einzige, die es sich am Ende nicht leisten konnte, wegzufahren. Denn nach und nach hatte die Idee, mal ein ganzes Jahr nicht in Deutschland zu verbringen und eigene Erfahrungen mit einer anderen Sprache auf einem anderen Kontinent zu sammeln, auch vielen meiner Klassenkameraden gefallen.

Es lief darauf hinaus, dass fast ein Drittel der Schüler ein Jahr in der weiten Welt unterwegs war: Einige fuhren in die USA, meine damalige beste Freundin erkundete die Kultur in Japan, eine Mitschülerin ging in Argentinien zur Schule, wenn auch nicht so regelmäßig, und eine weitere lebte ein halbes Jahr lang in Südafrika.

Als sie von ihren Reisen zurückkehrten, stieg das Niveau des Englischunterrichts schlagartig und ich, die bisher eine der Besten gewesen war, rutschte auf eine eher mittelmäßige Note ab. Und auch im Französischunterricht machte es sich bemerkbar. Ein Mitschüler hatte ein halbes Jahr in Frankreich verbracht und sprach nun perfekt Französisch, was er natürlich auch im

Unterricht demonstrierte – wer konnte es ihm verübeln? Ich mit meinen ohnehin schon nicht sehr guten Französischkenntnissen saß von nun an hilflos da, wenn er lange Dialoge mit der Lehrerin führte.

Ich war seit jeher die Einzige in meiner Klasse in Hessen, die aus einem finanzschwachen Haushalt kam. Dadurch war ich auch die Einzige, die sich keine teuren Reisen, Nachhilfestunden, Austauschjahre oder Klamotten leisten konnte. Ich glaubte, mich immer mehr anstrengen zu müssen als all die anderen, um nicht irgendwann durch den Rost zu fallen. Aber nicht nur im Fremdsprachenunterricht äußerte sich die Ungleichheit, die durch die unterschiedlichen Einkommen der Eltern entstand. Auch in den Ferien fuhren viele meiner Mitschüler auf Sprachreisen oder reisten gemeinsam ins Ausland. Schlechter situierte Schüler konnten da natürlich nicht mithalten und blieben zu Hause.

In Kreuzberg war alles ganz anders. Vor Ende des alten Schuljahres hatte ich einen Brief von meiner neuen Schule erhalten, dass ich mich kurz nach Beginn der Sommerferien noch einmal im Sekretariat melden sollte, um einige Unterlagen zu meiner Anmeldung nachzureichen. Ich bekam einen Schülerausweis aus Papier ausgestellt, auf den ich mein Passfoto kleben musste und der nur durch den Schulstempel auf der Vorderseite verifiziert wurde, und einen Zettel mit Buchtiteln und ISBN-Nummern. Zuerst verstand ich gar nichts. Erst als ich die Bücherliste überflog, schwante mir, dass ich wohl die ganzen aufgelisteten Schulbücher selbst anschaffen müsste – es sei denn, ich bezöge Hartz IV, dann nämlich würde ich die Bücher von der Schule gestellt bekommen.

So etwas war in Hessen völlig undenkbar gewesen. Dort gab es eine gut sortierte Schulbibliothek, in der alle Bücher, die für den Unterricht benötigt wurden, ausgeliehen werden konnten. Und nun sollte ich hier bis zu 100 Euro pro Schuljahr ausgeben, um mir notwendiges Material anzuschaffen? Ich konnte es nicht fassen und beschloss, mir keines der aufgelisteten Bücher zu kaufen. Stattdessen wollte ich sie mir im Notfall seitenweise kopieren. Denn warum sollte ich 100 Euro für die in Deutschland angeblich kostenlose Schulbildung ausgeben? Noch dazu sah ich nicht ein, die Bücher von meinem Geld zu kaufen, für das ich die ganzen Sommerferien hart gearbeitet hatte, weil ich mir davon einen Kühlschrank und eine Waschmaschine kaufen musste – während Hartz-IV-Empfänger, die auch nicht weniger Geld als ich zur Verfügung hatten, die Bücher kostenlos bekamen.

Im Nachhinein erwies sich meine Entscheidung als richtig, denn kein Lehrer griff in diesem Schuljahr auf die Bücher zurück. Stattdessen wurden wir mit Unmengen an Zetteln und Arbeitsblättern ausgestattet. Jedoch verschwanden die nach ein paar Tagen stets irgendwo in der Versenkung, denn angesichts dieser Papierflut konnte kaum ein Schüler alles ordnungsgemäß abheften.

»Wer bekommt alles die Bücher von der Schule?«, fragte mein Mathelehrer uns im darauffolgenden Schuljahr. Er wollte sich in seinem Unterricht nun doch mal an einem Buch orientieren.

Ungefähr ein Drittel des Kurses meldete sich – sie alle bezogen Hartz IV. Der Rest musste sich das Buch selbst kaufen. Ich tat das nicht. Wieso sollte ich, die jedes Wochenende mindestens 16 Stunden schuftete, mir jetzt auch noch elementare Schulausrüstung zulegen, während andere Schüler alles gestellt bekamen? Dann würde ich eben kein Mathebuch haben. Auch wenn das im Unterricht natürlich nicht gerade vorteilhaft für meine Mitarbeit sein würde.

Ein anderes Gebiet, auf dem es in Kreuzberg ein klarer Vorteil war, Hartz-IV-Empfänger zu sein, waren die Kursfahrten.

»Wir machen diesen Dezember einen Ausflug nach Dresden. Das Ganze ist verpflichtend«, begann mein Biologielehrer eines Tages seine Unterrichtsstunde. »Ich hab hier Zettel für euch, da stehen alle Informationen drauf. Wir wollen ins Hygiene-

Museum gehen. Die Fahrt kostet für zwei Tage 60 Euro. Darin sind eine Übernachtung und die Zugfahrt enthalten.«

Er überreichte jedem einen A5-Zettel, auf dem die Kontonummer des verantwortlichen Lehrers und das Datum stand, bis wann die erste Rate bezahlt werden musste.

Der eine oder andere Schüler guckte empört.

»Ich muss das alles selbst bezahlen«, rief Marie. »Ich hab nicht so viel Geld, dass ich mal hierhin und mal dahin fahren kann.«

»Das ist doch gar nicht so viel«, entgegnete Herr Lellwitz verdutzt. »Du gehst einfach mal an einem Wochenende nicht feiern und schon hast du dir das Geld zusammengespart.«

»Als würde ich an einem Wochenende 60 Euro fürs Feiern ausgeben«, entgegnete Marie sichtlich verärgert.

»Müssen wir da wirklich mitfahren?«, fragte ich. »Sie können uns ja wohl nicht zwingen, 60 Euro für so eine kurze Fahrt auszugeben.«

»Ich frage noch mal nach, ob das wirklich für alle verpflichtend ist. Aber das ist ja auch mal was Schönes, nach Dresden zu fahren und das Hygiene-Museum ist auch sehr interessant und für den weiteren Unterricht nicht ganz irrelevant«, versuchte Herr Lellwitz zu erklären.

»Ich war aber schon einmal eine ganze Woche mit meiner alten Schule in Dresden und da waren wir auch im Hygiene-Museum. Das wäre also überhaupt nichts Neues für mich«, beharrte ich. Ich hatte nicht vor, von meinen 400 Euro, die ich monatlich verdiente, 60 Euro für einen Ausflug auszugeben.

Aysun drehte sich interessiert zu mir um. »Wie war denn das Museum?«

»Scheiße«, antwortete ich vielleicht etwas zu laut.

Alle lachten. Herr Lellwitz guckte mich empört an.

»Also ich fand's jetzt nicht so wirklich interessant«, versuchte ich meinen kleinen verbalen Ausrutscher zu korrigieren. Doch ich merkte schon, dass ich ziemlich viele meiner Sympathiepunkte, die ich im letzten Halbjahr durch eine rege mündliche Beteiligung bei Herrn Lellwitz gesammelt hatte, damit zunichte gemacht hatte. Doch was sollte ich tun? Wo kämen wir hin, wenn die Schule sich einfach einen Ausflug ausdenken könnte, für den wir dann, ohne dass wir gefragt wurden, bezahlen mussten?

Als die Diskussion um die Biofahrt in der nächsten Stunde wieder aufkam, erklärte Herr Lellwitz, dass er mit dem Lehrer, der für die Hauptorganisation verantwortlich war, gesprochen hatte. Dabei hatte sich herausgestellt, dass die Exkursion für niemanden verpflichtend sei.

»Meine Güte, das sind doch nur 60 Euro«, rief Malik. »Nun kommt schon mit.«

»Der hat gut reden«, meinte mein Sitznachbar Marius zu mir. »Der bekommt die Fahrt ja auch vom Jobcenter bezahlt.«

Und nicht nur bei Kursfahrten, auch bei den Studienfahrten ins Ausland erhielten Hartz-IV-Empfänger Zuschüsse.

»Bekommt ihr das Geld für die ausgefallene Studienfahrt eigentlich zurück?«, fragte ich Bürsa und spielte damit auf den Ausbruch des isländischen Vulkans Eyjafjallajökull an, der verhindert hatte, dass die Reisen nach Rom und London hatten stattfinden können.

»Weiß nicht genau. Den meisten ist das aber auch egal. Hat ja das Amt bezahlt.«

Ich war verblüfft über diese Gleichgültigkeit. Viele hatten das Geld für die Kursfahrt nicht aufbringen können. Schon im Vorfeld war klar gewesen, dass bei Weitem nicht alle Schüler mitfahren würden. Deswegen waren einige Kurse zusammengelegt worden, da die Reisegruppen sonst zu klein gewesen wären. Die Lehrer hatten Mühe gehabt, die Schüler dazu zu überreden, sich in die Listen für die Studienfahrten einzutragen. Und wie ich jetzt mitkam, hatte nahezu allen, die eigentlich hatten mitfahren wollen, das Jobcenter die Studienfahrt bezahlt. Diese Tatsache fand ich erstaunlich, hört man doch immer, dass die Kinder von Hartz-IV-Empfängern so stark benachteiligt werden und immer diejenigen sind, die am meisten leiden und unterstützt werden müssen.

Erhebungen des Bremer Instituts für Arbeitsmarktforschung und Jugendberufshilfe zufolge beziehen in Berlin rund 18,6 Prozent aller Einwohner Hartz IV. In einigen Bezirken, zum Beispiel in Neukölln oder Kreuzberg, leben etwa die Hälfte aller Kinder von Hartz IV. Was passiert jedoch mit denjenigen, deren Eltern arbeiten gehen, Steuern zahlen und deren Verdienst nur knapp über der Grenze zur Bezuschussung liegt? Man kann schließlich nicht davon ausgehen, dass in den Bezirken, in denen der Anteil an Hartz-IV-Empfängern besonders hoch ist, der Rest der Bevölkerung auffallend wohlhabend ist.

Früher war es in Hessen so, dass finanzschwache Haushalte bei der Finanzierung von Klassenfahrten unterstützt wurden und dafür nur einen Antrag beim Schulamt stellen mussten. Seit der Hartz-IV-Reform laufen sämtliche Anträge über das Jobcenter. Um überhaupt noch einen Anspruch auf Erstattung der Kosten für Klassenfahrten zu haben, muss man dort Kunde sein. So werden also diejenigen Menschen benachteiligt, die zwar hart arbeiten, dafür aber nur wenig Lohn erhalten. Denn sie müssen neben den Schulbüchern nun auch die Studienfahrten aus der eigenen Tasche bezahlen. Klar, teilweise gibt es auch Zuschüsse für Familien mit geringem Einkommen, wie zum Beispiel den Kinderzuschlag. Wer ihn beantragt, kann monatlich bis zu 140 Euro pro Kind erhalten. Auch die Kosten für Klassenfahrten können auf Antrag von der Familienkasse übernommen werden. Doch nicht jeder hat überhaupt Anspruch auf den ungeminderten Kinderzuschlag. Dieser wird nur dann in voller Höhe gezahlt, wenn das Einkommen der Eltern in der Summe den Grundbedarf von 646 Euro für Ehepaare und den sogenannten angemessenen Wohnbedarf der Eltern nicht übersteigt. Verdienen die Eltern darüber hinaus etwas Geld, wird ihnen der Kinderzuschlag pro 10 Euro, die ihr Einkommen über der Bemessungsgrenze liegt, um 5 Euro gekürzt. Das bedeutet zum Beispiel, dass eine vierköpfige Familie, deren Einkommen bei 1354 Euro liegt, keine Leistung mehr erhält – dabei sind 1354 Euro für vier Personen nun wirklich nicht viel.

Auch ist es für finanzschwache, aber erwerbstätige Eltern viel schwerer, das seit 2011 bestehende Bildungspaket in Anspruch zu nehmen. Sie müssen sich erst kundig machen, wo sie die Leistungen aus dem Bildungspaket beantragen können. Denn anders als für die Hartz-IV-Empfänger, die ihre Formulare beim Jobcenter einreichen können, gibt es für die Bezieher des Kinderzuschlags keine feste Anlaufstelle: Ihre Anträge können sie entweder beim Bürgeramt, im Rathaus oder bei der Gemeindeverwaltung abgeben. Die Zeit, die allein die Recherche kostet, haben viele Geringverdiener jedoch nicht.

Bei der ganzen Diskussion um Hartz-IV-Erhöhungen und Bildungspakete wird völlig außer Acht gelassen, dass es viele Kinder gibt, die in Haushalten leben, die weder Hartz IV noch den Kinderzuschlag beziehen und sich dennoch keine großen Studienfahrten leisten können. Und dass manche Schüler die Studienfahrten und Materialien gar von ihrem eigenen Geld bezahlen müssen, wird oft ganz vergessen – obwohl das an meiner Kreuzberger Schule keine Seltenheit war. Denn viele Schüler arbeiteten nebenbei für ihr Taschengeld und um die notwendigen Anschaffungen für die Schule machen zu können. Wenn andere dann nur mit ihren Hartz-IV-Bescheinigungen wedeln mussten, um alle Materialien und Fahrten bezahlt zu bekommen, waren viele genervt und zum Teil auch demotiviert. Denn was sagte es über den Wert von Arbeit aus, wenn diejenigen, die zu Hause saßen, ihren Kindern mehr bieten konnten als hart arbeitende Eltern?

»Ich finde an Deutschland gut, dass man hier nicht arbeiten muss und trotzdem sein Geld bekommt« , meinte eine Schülerin, als im Unterricht gerade darüber diskutiert wurde, was ein Leben in Deutschland für Vorteile mit sich bringt.

Der Rest der Klasse nickte zustimmend.

»Ja, in der Türkei hat man echte Probleme, wenn man arbeitslos wird. Hier kann man immer noch sehr gut leben und muss noch nicht einmal wieder arbeiten«, warf Faruk ein.

Alle lachten.

Vielen meiner Mitschüler war der Wert des Geldes und die Verantwortung, die mit Geld verbunden ist, gar nicht klar. Wie auch? Bei schulischen Fahrten bekamen sie ja alle Kosten vom Amt erstattet. Ihre Auslagen wurden also immer von irgendjemanden übernommen – zumindest bis zum Abitur. Denn neben den schulischen Pflichtveranstaltungen gehörten zum Abiturprogramm auch jede Menge Punkte, die mit unserer Ausbildung nur noch wenig zu tun hatten: unter anderem eine Abifahrt, der Abiball, ein Abibuch und ein Abistreich. Das Problem: Um all das zu organisieren brauchte man Geld, jedoch kommt das Jobcenter für diese freiwilligen Auslagen nicht auf. Das bedeutete also, dass sich viele Schüler, die sich in ihrer ganzen Schulzeit herzlich wenig Gedanken über Geld gemacht hatten, nun plötzlich damit beschäftigen mussten, wie sie diese Dinge finanzieren konnten. Und nach dem jahrelangen Ausruhen auf Hartz IV begannen an dieser Stelle für viele die Probleme.

Gleich zu Beginn der 13. Klasse versammelten sich alle Schüler in der Sporthalle, um Festkomitees zu wählen. Zunächst war der Andrang groß – jeder wollte sich einbringen, um so zu gelungenen Abiturfestlichkeiten beizutragen. Die Betonung liegt auf »zunächst«. Die Begeisterung stellte sich nämlich urplötzlich ein, als es darum ging, in Aktion zu treten. Niemand fühlte sich für die Organisation eines Abiballs oder einer Reise verantwortlich. Die Komitees stellten sich so lange tot, bis all diese Veranstaltungen, an die man sich sein Leben lang erinnert, auszufallen drohten. Die Versammlungen, in denen die Komitees hin und wieder die nicht vorhandenen Fortschritte bekannt gaben, gipfelten jedes Mal im Chaos. Meine Mitschüler schrien wild durcheinander, sodass man das Gefühl hatte, sich in einem Kindergarten zu befinden. Niemand ließ den anderen ausreden. In Hessen waren sogar die SV-Stunden der 6. Klasse koordinierter und produktiver abgelaufen. Das alles hatte zur Folge, dass man sich im Jahrgang auf nichts, aber auch überhaupt nichts einigen konnte. Viele waren zwar einer Meinung darüber, dass es einen Abiball und auch eine Abifahrt mit allem Drum und Dran geben sollte, doch zu konkreten Festlegungen wollte man sich dann doch nicht durchringen.

Da im Januar unseres Abschlussjahres immer noch nicht das Geringste feststand, erkundigten ich und Anna uns schließlich nach Angeboten für einen Abiball. Nach einigem Suchen wurden wir fündig. Die Wahl bestand nun zwischen einem großen, extrem schönen Saal, der natürlich teuer war, und einem etwas kleinerem, nicht ganz so schönen.

»Abiball ist nur einmal in eurem Leben!«, schrie Selvi und ihre Freundinnen stimmten mit ein.

»Ich habe keine Lust, in so einem Drecksloch zu feiern«, echauffierten sich einige andere Mädchen, die 40 Euro in Ordnung fanden.

»40 Euro pro Karte bezahle ich nicht!«, riefen andere. »Dann kommen wir nicht, wenn das bei diesem hohen Preis bleibt.«

Glücklicherweise konnten wir den Preis für den größeren Raum herunterhandeln, weil Derya den Besitzer kannte. So glätteten sich die Wogen, da mit diesem Kompromiss alle Parteien zufrieden waren.

Kritisch wurde es erst, als es um das tatsächliche Bezahlen ging: Jeder Schüler sollte 15 Euro Anzahlung leisten. Doch das war für viele ein Problem. Man musste jedem Einzelnen hinterher rennen. Um uns abzusichern hatten wir alle Schüler des Jahrgangs unterschreiben lassen, dass sie sich an der Raummiete beteiligen würden. Aber das war den meisten inzwischen total egal. Als der Betrag fällig wurde, konnte sich urplötzlich niemand mehr daran erinnern, wie viele Karten er verbindlich bestellt hatte.

»Ich habe aber nichts unterschrieben«, meckerten viele.

»Doch, wir haben hier deine Unterschrift schwarz auf weiß«, antwortete ich immer.

»Keine Ahnung, wie die darauf gekommen ist. Ich habe auf jeden Fall nicht solche Angaben gemacht«, bekam ich stets als Antwort.

Merkwürdigerweise hatten vorwiegend diejenigen Zahlungsprobleme, die sich vorher lautstark für einen teuren Abiball eingesetzt hatten. Diejenigen, denen es egal gewesen war, wo gefeiert wurde, zahlten ihre Karten korrekt und pünktlich.

»Ihr wusstet doch schon seit fast einem Jahr, wie viel euer Abitur kosten würde. Wieso habt ihr nicht vorher gespart? Das muss man doch überblicken können«, beschwerte ich mich.

An Einsicht mangelte es jedoch. Man konnte reden und schimpfen, so viel man wollte, es war einigen, genauer gesagt über einem Drittel des Jahrgangs, total egal. Wie unzuverlässig und unkollegial sie waren, war mir einfach unbegreiflich. Da der Abiball inzwischen auf der Kippe stand, schaltete sich Justus ein. Er selbst wollte noch einmal sein Glück versuchen, da er in letzter Minute erfolgreich und ohne sich mit jemanden aus dem Jahrgang abzusprechen, eine Abireise organisiert hatte. Immer wieder forderte er nun die säumigen Schüler auf, ihre Karten für den Ball zu bezahlen.

Ein sehr treffendes Beispiel war Oya, welche bedauerlicherweise das Amt der Schulsprecherin innehatte, sich jedoch nicht im Geringsten wie eine Schulsprecherin verhielt. »Ich habe doch das Geld schon längst bezahlt«, meckerte sie mich an.

»Wie viel hast du denn wem bezahlt?« Ich wollte den Vorgängen auf die Schliche kommen.

»Ich habe die Anzahlung schon längst gemacht«, empörte sie sich und merkte dabei nicht, wie lächerlich sie sich aufführte.

»Die Anzahlung hättest du schon vor Monaten machen sollen. Darum geht es jetzt überhaupt nicht«, erklärte ich ihr anfangs noch geduldig.

Sie versprach, mir das Geld in den nächsten Tagen zu überweisen. Und tatsächlich, einige Tage später hatte ich 60 Euro von ihr auf meinem Konto. Allerdings war das eine vollkommen falsche Summe. Darüber klärte ich sie noch einmal mit Engelsgeduld auf und bat sie, mir die fehlenden 15 Euro zu überweisen. Dies passierte jedoch nicht, woraufhin sich Justus bei ihr meldete.

»Justus, ist das dein Ernst, bist du blöd? Das habe ich doch schon lange mit Viviane besprochen«, kam nur als Facebook-Nachricht zurück. Ihrer Meinung nach sollten wir uns lieber um diejenigen Leute kümmern, die noch gar nicht bezahlt hatten. Dass sie eine der Letzten war, deren Geld noch ausstand, verstand sie traurigerweise nicht.

»Was willst du denn von Justus? Du hast lediglich 60 Euro bezahlt. Aber das ist nicht die richtige Summe – weder für zwei Karten noch für irgendwas anderes. Ich will dir nicht länger hinterherlaufen müssen«, erinnerte ich sie.

»Ich kaufe drei Karten! Wieso zickst du hier so herum? Sag mir einfach, was ich noch bezahlen muss, Alter«, kam nur als Antwort zurück.

»Ich zicke nicht rum. Im Gegenteil. Ich bin diejenige, die die ganze Zeit von Leuten angemacht wird. Ich mach das ganze Zeug nicht zu meinem eigenen Nutzen, sondern nur für den Jahrgang. Das scheinen die Leute nur leider nicht zu verstehen. Ich bekomm noch 15 Euro von dir.«

Langsam wurde ich wütend, denn ich sah ganz und gar nicht ein, von Oya, die ganz genau hätte wissen müssen, dass es sich hierbei um ihren eigenen Fehler handelte, dumm angemacht zu werden. Es kam jedoch noch dicker:

»Du bist der Verantwortung wohl nicht gewachsen. Aber warum hast du sie übernommen?«, schrieb Oya und das war zu viel des Guten.

»Das hat nichts damit zu tun, dass ich dem nicht gewachsen bin. Das hat einzig und allein etwas damit zu tun, dass Leute zu asozial sind, um ihren Verpflichtungen nachzukommen. Zu diesen Leuten gehörst auch du! Du solltest dich schämen, dass du bis jetzt nicht in der Lage warst. Du hast außerdem schon vor zwei Wochen gesagt, dass du mir den Rest überweist und nichts ist angekommen. Das kann gar nicht sein!«, antwortete ich.

»Asozial? Haha. Wieso müsst ihr immer gleich beleidigend werden, wenn ihr mal was wollt?! Eigentlich hast du die anderen 15 Euro schon lange bekommen, weil ich die mit den restlichen 60 Euro zusammen überwiesen habe«, versuchte sie wieder einmal sich rauszureden.

»Das Geld sollte bis zu den Ferien da sein. Aber von dir habe ich nichts bekommen. Und dann regst du dich plötzlich zwei Wochen nach Ablauf der Frist auf und erklärst mir, dass du ja schon längst bezahlt hast? Ich habe gestern mein Konto gecheckt und bis dahin waren noch keine 15 Euro da. Das ist also eine Lüge! Dass das immer so aus dem Ruder laufen muss, dass jeder jeden beschimpft, ist schrecklich. Dabei wollte ich bloß was organisieren. Da wäre Dankbarkeit und nicht Gemecker angebracht. Das solltest vor allem du als Schulsprecherin wissen ... Es wäre besser, wenn jeder versuchen würde, seinen Teil zum Gelingen beizutragen und nicht ständig mit so einer Scheiße kommen würde ...«

Darauf antwortete sie nicht mehr.

Einige Tage später fragte sie mich, ob sie mir die 15 Euro auch bar in der Schule geben könne, da es ihr nicht möglich sei, Überweisungen zu tätigen. Noch nie zuvor hatte ich besser nachvollziehen können, wozu es die Schufa gab. In dieser Schule bekam man einen Eindruck, wie nachlässig manche Menschen mit Geld umgehen und wie dreist sie waren, wenn es darum ging, sich vor Kosten zu drücken. Meine Erfahrungen zeigten mir, dass sich vor allem diejenigen, die schon vor dem Abitur für ihre Ausgaben selbst aufkommen mussten, viel intensiver darum kümmerten, pünktlich und verlässlich zu zahlen – auch wenn oder gerade weil sie sich jeden Cent selbst erarbeiten mussten.

Abgesehen von den Büchern für Hartz-IV-Empfänger war die Ausstattung meiner Berliner Schule während meiner Zeit dort völlig unzureichend. Das wirkte sich auch auf die Gestaltung des Unterrichts aus: Zu Beginn des zweiten Halbjahres der 13. Klasse hielt es mein Englischlehrer für eine gute Idee, dass alle Schüler meines Kurses ein Referat über eine Stadt ihrer Wahl hielten. In den Englischstunden bis zum Vortrag fand der Unterricht in einem der beiden Computerräume der Schule statt, damit wir im Internet entsprechende Informationen über unser Thema einholen konnten. Im Anschluss sollten wir diese dann in eine Power-Point-Präsentation einarbeiten. Das tat ich auch, denn ich wollte vor der Präsentation, die ich im Abi halten musste, den Umgang mit Power Point noch einmal üben. Allerdings erstellte ich die Präsentation an meinem eigenen Computer, da die Zeit in den Unterrichtsstunden nur zur Recherche reichte.

Am Tag der Präsentation ging ich mit meinem USB-Stick zum Lehrer-PC, um das Ergebnis, für das ich in der vergangenen Nacht etliche Stunden Schlaf geopfert hatte, vorzuführen. Doch meine Datei ließ sich nicht öffnen. Zuerst hoffte ich noch, dass ich die falschen Tasten gedrückt hatte oder dass ich mich schlicht an dem Computer der Schule nicht zurechtfand, doch weit gefehlt. Das Problem war, dass die Schule nur über eine uralte Power-Point-Version verfügte.

»Dann musst du deine Präsentation eben bis zum nächsten Mal als Power-Point-Datei von 2003 abspeichern«, riet mir mein Englischlehrer mit einer Selbstverständlichkeit, die mich verblüffte.

Ich hatte nicht die geringste Ahnung, wie ich das anstellen sollte, denn wie die meisten Jugendlichen besaß ich einen Computer, der weit jünger war als acht Jahre. Das bedeutete, dass ich ein derart veraltetes Programm nicht besaß und auch nur schwer auftreiben konnte. Erst nach längerem Herumfragen erhielt ich die Software von einer Bekannten und installierte sie auf meinem Computer. Das brachte allerdings weniger, als ich mir erhofft hatte. Denn aus irgendeinem Grund wurde die Präsentation immer in der neusten Version des Programms, das auf dem PC verfügbar war, gespeichert. Sollte ich jetzt erst einmal mein neues Power-Point-Programm deinstallieren, nur um eine zehnminütige Präsentation in der Schule halten zu können? Nein, so weit wollte ich es nicht kommen lassen und so suchte ich erneut das Gespräch mit meinem Englischlehrer. Der hatte sich früher immer gezielt um die Computerprogramme der Schule gekümmert.

»Können Sie mal probieren, ob meine Präsentation jetzt funktioniert?«, sprach ich ihn in einer Pause vor dem Lehrerzimmer an. Am Abend zuvor hatte ich erneut versucht, die Präsentation im 2003er Format auf dem USB-Stick zu speichern – ohne Erfolg.

Nach ein paar Minuten, in denen ich ungeduldig vor der Tür gewartet und gehofft hatte, dass mein Vortrag nun gerettet war, kam er zurück und schüttelte den Kopf. »Nein, das funktioniert nicht«, meinte er.

»Und was soll ich jetzt machen?« fragte ich.

»Lassen Sie sich was einfallen!« Gleichgültig reichte er mir meinen Stick.

»Na ja, ich hab ja schon alles versucht. Ich habe mir das Programm von 2003 besorgt und jetzt schon endlos viel Zeit damit verbracht, das Dateiformat zu ändern. Können Sie nicht mal versuchen, das anders abzuspeichern?«, bat ich ihn.

Er schaute mich nur grinsend an: »Ich weiß doch auch nicht, wie das geht. Sie müssen wissen, wie Sie das anstellen, das gehört schließlich zur Medienkompetenz«, erwiderte er süffisant.

Ich wurde immer wütender. »Es ist aber nicht normal, dass eine Schule nicht mal über ein aktuelles Präsentationsprogramm verfügt. Wir müssen schließlich auch bald unsere Präsentationen fürs Abitur halten. Da kann es doch nicht sein, dass einem nur total veraltete Programme zur Verfügung stehen.«

»Doch, kann es«, meinte er nur und starrte mich regungslos an.

Ich starrte zurück und versuchte gleichzeitig, die Ruhe zu bewahren.

»Die Schule hat eben kein Geld für neue Programme. Aber wenn Sie mal demnächst zu Geld kommen sollten …« Er grinste über seinen Scherz.

»Aber das ist doch nicht normal, dass man in dieser Schule nicht mal Präsentationen halten kann, die mit einer aktuellen Version von Power Point erstellt wurden. Ich meine, eine Schule muss doch über eine bestimmte Grundausstattung verfügen«, setzte ich erneut an.

»Doch, das ist normal, zumindest an dieser Schule.«

»Diese Schule ist nicht normal«, bemerkte ich und hatte alle Mühe, die Contenance zu wahren. Es war vor allem seine Gleichgültigkeit, die mich so zornig machte.

»Na ja, versuchen Sie einfach, das Format Ihrer Präsentation zu ändern. Das dauert eine Minute, vielleicht fünf Minuten, wenn Sie nicht wissen, wie es geht. Das allerdings kann ich Ihnen jetzt auch nicht sagen. Aber bedenken Sie, wenn ich jetzt gemein wäre, könnte ich Ihnen mangelnde Medienkompetenz vorwerfen.«

In Hessen hatten wir schon in der 8. Klasse mit Power Point gearbeitet und waren langsam an die Verwendung herangeführt worden. Dort war die Schule mit den gängigen Programmen ausgestattet gewesen und so war es in der Oberstufe nahezu üblich, damit zu arbeiten. In Berlin rieten uns viele Lehrer davon ab. Viel zu groß war das Risiko, dass Präsentationen, die am heimischen Computer erstellt worden waren, in der Schule nicht funktionierten.

*

In den Medien werden immer wieder hitzige Debatten über Förderpakete für Kinder von Hartz-IV-Empfängern geführt. Wieso steckt man das Geld, welches über das Jobcenter nur einigen Schülern zugute kommt, nicht einfach in die Ausstattung der Schulen? Viele Schulen hätten zusätzliche Gelder dringend nötig, damit sie alle Schüler mit Computern oder Büchern ausstatten können.

Dass vom Arbeitsministerium über Änderungen des Hartz-IV-Satzes entschieden wird – und dass das Familienministerium und das Bildungsministerium dabei kaum beteiligt werden –, zeigt wieder einmal, dass die Politik nicht weit genug denkt. Denn auf diese Weise sorgt man nicht für bessere Bildungsbedingungen für alle Schüler! Auch der sogenannte Kinderzuschlag, den man über die Familienkasse beantragen kann, ist nicht weitreichend genug – denn auch diesen können Eltern nur unter bestimmten Voraussetzungen erhalten. Durch die Sozialleistungen entsteht also keine Chancengleichheit, sondern vielmehr ein Ungleichgewicht.

Ein Modell, das deutschlandweit hingegen funktionieren könnte, ist das des Lübecker Bildungsfonds: In der Hansestadt entscheiden nicht irgendwelche Schreibtischbürokraten über das Wohl von Kindern, sondern die Lehrer, die tagtäglich mit ihnen arbeiten. Sie beantragen gemeinsam mit den Eltern Leistungen. Die Folge: Nicht nur Hartz-IV-Kinder, sondern auch Kinder von Geringverdienern können mit Schulmaterialien unterstützt werden.

Was ich daraus gelernt habe:

Hartz IV mag nicht bequem und auch nicht erstrebenswert sein, schlecht dran ist man damit aber noch lange nicht!

Was ich Schülern rate:

Sprecht eure Lehrer gezielt darauf an, wenn ihr euch Lehrmaterial oder Klassenfahrten nicht leisten könnt. Gemeinsam kann man leichter Lösungen finden. Außerdem ist es den Lehrern oft gar nicht so klar, dass manche Familien Probleme haben, das Geld für Material und Reisen aufzubringen.

Was sich ändern sollte:

Schulen – und nicht einzelne Schüler – sollten mehr vom Staat gefördert werden!

9. Kapitel

SYMPATHIE, DAS WICHTIGSTE BEWERTUNGS-KRITERIUM

Ich hasse die Schule,
weil Noten willkürlich
vergeben werden

Als ich nach Berlin kam und spürte, wie niedrig das Niveau des Unterrichts war, war ich zunächst erfreut. Wenn alle anderen schlecht waren, würde ich umso besser zur Geltung kommen und mit Wissen punkten können, das in Hessen nicht so außergewöhnlich gewesen war. Doch ich irrte mich, denn hier wurde nach ganz anderen Kriterien bewertet.

Schon in Hessen hatte ich den Eindruck bekommen, dass Schulnoten nicht sehr objektiv waren. Denn wie bereits erwähnt, hatte ich mich ein ums andere Mal wegen meiner mündlichen Noten mit den Lehrern angelegt – immer dann, wenn ich mich ungerecht behandelt gefühlt hatte, weil ich statt mit einer 1 mit einer 2 benotet worden war oder die schlechtere Note erhalten hatte, wenn ich zwischen Noten gestanden hatte. Das Schlimmste, das mir in Hessen passiert war, war, dass ich von einem aufs nächste Schuljahr um zwei Noten abgesackt war, da eine strengere Lehrkraft den Unterricht übernommen hatte.

Die Berliner Zustände konnte man damit jedoch nicht vergleichen. Über die Vorkommnisse, über die ich mich an meiner Schule in Hessen aufgeregt hatte, konnte ich in Berlin nur noch lachen. Denn hier hatten die tatsächlichen Leistungen mit den vergebenen Noten oft nicht das Geringste zu tun. Es war völlig egal, wie gut man war und wie sehr man sich am Unterricht beteiligte. Das hatte in Berlin nämlich keinen Einfluss auf die Note. In Geschichte behandelten wir gerade die Entwicklungen im Griechenland der Antike. Dasselbe Thema hatte ich auch schon ein Jahr zuvor in Hessen bei dem wohl strengsten Lehrer der Schule gehabt. Deshalb war ich nun bestens vorbereitet – das dachte ich zumindest.

»Wer möchte ein Referat über die Reformen des Solon halten?«, fragte Herr Michel in einer der ersten Stunden. »Das ist freiwillig, weil es so kurzfristig ist. Es ist auch nicht schlimm, wenn das niemand machen möchte.« Ich meldete mich. Was hatte ich schon zu verlieren, ich wusste doch bestens Bescheid?

»Schön, dass du das machen willst«, lobte mich Herr Michel.

Die ganze Nacht vor dem Referat arbeitete ich an der Präsentation. Ich hatte mir sogar Plakate gekauft, auf denen ich noch einmal das Solonsche Prinzip der Kompetenzverteilung anschaulich machen konnte. Und auch sonst hatte ich mich ausführlich vorbereitet. Das Einzige, was mir fehlte, war ein Handout. Da ich keinen Drucker besaß, hätte ich noch einmal in einen Copyshop gehen müssen, um ein solches auszudrucken, doch dazu blieb keine Zeit. Das kann Herr Michel bestimmt noch schnell vor der Stunde ausdrucken oder ich kann es nachreichen, dachte ich mir.

Ich erschien extra zehn Minuten vor Unterrichtsbeginn, um meinen Lehrer darum zu bitten. Aber Herr Michel hatte leider keine Lust, mir zu helfen.

»Du kannst es mir ja per E-Mail schicken, dann drucke ich es zur nächsten Stunde aus«, schlug er vor.

Mein Referat kam gut an und ich erntete viel Lob. Ich hätte mich sehr gut vorbereitet, gut Bescheid gewusst und auch meinen Vortrag vortrefflich gestaltet, meinten alle.

Der Schock kam erst in der nächsten Stunde: Da ich in den Tagen davor sehr beschäftigt gewesen war, hatte ich Herrn Michel mein Handout erst am Abend vor der nächsten Geschichtsstunde geschickt. Das fand er zu spät und gab mir einfach 0 Punkte für meine Ausarbeitung. So hart war er bei keinem anderen Schüler, der in der darauffolgenden Zeit das Handout vergaß. Auch am Inhalt hatte er plötzlich Kritikwürdiges entdeckt. Der Punkt, den er konkret bemängelte, war, dass es eine politische Institution im alten Griechenland gar nicht mit hundertprozentiger Sicherheit gegeben hatte, ich diese jedoch auf meinem Plakat aufgeführt hatte.

»Aber in sämtlichen Quellen, mit denen ich gearbeitet habe – unter anderem in einem Schulbuch –, war der Rat der 500 aufgeführt und nirgends stand auch nur ein Wort davon, dass es diesen nicht gegeben haben könnte«, erhob ich Einspruch.

Doch sein Entschluss stand fest. Insgesamt wurde meine freiwillige Leistung mit 7 Punkten bewertet.

Je länger ich in die Kreuzberger Schule ging, umso mehr beschlich mich das Gefühl, dass besonders die Lehrer den Schülern besondere Korrektheit abverlangten, die selbst völlig inkompetent waren. Aus selbigem Grund erhielt ich in Geschichte bei Herrn Michel nur 12 Punkte. Und das obwohl ich mit Abstand die Beste des Kurses war und mir eine 1 redlich verdient hatte, worin mir Herr Michel auch gar nicht widersprach. Dumm nur: In der Klausur hatte ich leider nur 9 Punkte bekommen, was ich mir beim besten Willen nicht erklären konnte. Schließlich hatte ich das erforderliche geschichtliche Hintergrundwissen parat und war auch fähig, dies in deutsche Sätze zu verpacken. Jedenfalls reichte dies Herrn Michel nur für eine 3+ – was unter anderem daran lag, dass er meine Sprachverwendung mit einer 4 bewertet hatte, weil ihm mein kleines g nicht gefiel.

»Bei der Sprachverwendung zählt der Gesamteindruck«, erklärte er mir, als ich mich nach der Stunde darüber beschwerte. »Und in deiner Klausur musste ich schon ganz schön viel Rot verwenden.«

»Wenn sie jedes Mal das G anstreichen und das wie einen Rechtschreibfehler am Rand der Arbeit kennzeichnen, ist das auch kein Wunder«, warf ich ein, doch er ließ nicht mit sich reden.

»Du hast ja immer noch die Möglichkeit, nächstes Halbjahr eine 1 zu bekommen«, versuchte er, mich zu beschwichtigen.

»Aber die Notenpunkte werden doch für die Abiturnote eh alle zusammengerechnet. Da ist es doch völlig irrelevant, ob ich mich später noch verbessere. Fakt ist, dass ich jetzt einen Punkt weniger auf meinem Abiturzeugnis stehen haben werde. Und der kann für mich durchaus wichtig sein«, erläuterte ich.

»Wenn das mit dem NC nicht klappt, kannst du dich ja reinklagen«, schlug Herr Michel vor.

»Na ja, ich strebe nicht an, mich am Ende reinzuklagen. Es wäre immerhin schön, wenn ich hier gerechte Noten bekommen würde und es auf die normale Weise an eine Universität schaffen würde«, antwortete ich. »Man kann schließlich nicht davon ausgehen, dass das mit dem Reinklagen so einfach ist. Sonst würde ja jeder alles Mögliche studieren.«

Im folgenden Jahr erhielten wir einen neuen Geschichtslehrer. »Manche Lehrer sagen, dass sie schon nach dem ersten Überfliegen einer Klausur ganz genau wissen, welche Note sie am Ende geben werden«, erklärte uns Herr Fenger. »Ich mache das aber anders. Ich teile Ihnen ein Blatt aus, auf dem steht, wie Sie an eine Klausur bei mir herangehen sollen. Anhand dieses Schemas kann ich Ihnen ganz genau erklären, wie Ihre Note zustande kommt.« Herr Fenger kam ursprünglich aus Baden-Württemberg und hatte nun eine halbe Stelle an meiner Schule in Kreuzberg angenommen. »Ich war ja entsetzt, als ich in der 12. Klasse danach gefragt habe, welche Staaten im Zweiten Weltkrieg gegen Deutschland gekämpft haben und jemand die USA zu Deutschlands Verbündeten gezählt hat«, berichtete er uns in der ersten gemeinsamen Stunde.

»Das hätten bestimmt auch einige aus unserem Kurs getan«, flüsterte ich Anna zu. Denn auch in meiner Jahrgangsstufe wussten einige nicht, was der Holocaust war, dass es die Titanic wirklich gegeben hatte und dass die Stasi nicht Teil des nationalsozialistischen Staatsapparates war. Wie kommt man mit einem nicht vorhandenen Allgemeinwissen eigentlich durch die komplette Schulzeit?, hatte ich mich schon oft gefragt. Ja, wie eigentlich? Die Antwort lag auf der Hand: Wissen spielte hier keine Rolle. Nur das kann der Grund dafür sein, dass sich manche meiner Mitschüler, die absolut keine Ahnung hatten, inzwischen stolze Besitzer des Abiturs nennen können.

Herr Düren war einer derjenigen Lehrer, die an Willkür kaum noch zu übertreffen waren. In der Mitte der 13. Klasse kam ich in das zweifelhaft Vergnügen, von ihm unterrichtet zu werden. Frau Korha, meine ursprüngliche Deutschlehrerin, war schwer erkrankt und so erhielten wir mitten im Halbjahr Ersatz. Herr Düren gestaltete seinen Unterricht vollkommen anders als Frau Korha und gab sich keinerlei Mühe, die Unannehmlichkeiten und Umgewöhnungen für uns so gering wie möglich zu halten. Er hatte ganz eigene Vorstellungen, wie eine Klausur auszusehen hatte, und das ließ er uns deutlich spüren. Drei Wochen nachdem er unseren Kurs übernommen hatte, stand eine Klausur an. Normalerweise hätten wir uns eine von zwei Aufgabenstellungen aussuchen und diese dann bearbeiten dürfen.

»Sind heute alle da?«, fragte er am Tag der Klausur.

»Nein, Helene nicht.« Das war nichts Neues: Helene war auch sonst sehr, sehr oft abwesend.

»Dann bekommt ihr jetzt nur eine Aufgabe. Die zweite brauche ich dann für den Nachschreibtermin. Wollt ihr lieber die Analyse oder die Erörterung bearbeiten?«, fragte er den Kurs.

Zu einer einhelligen Meinung gelangten wir nicht. Trotzdem erhielten wir nur die Analyse zur Bearbeitung. Und das bedeutete für einige einen riesigen Nachteil. Denn da wir gedacht hatten, wir hätten die Wahl, hatten sich viele nur auf eines der beiden Themen vorbereitet. Doch das war Herrn Düren vollkommen egal. Es war ihm gleichgültig, dass er unsere Abiturnote mit seinem Verhalten gefährdete. Er dachte nur an seinen Arbeitsaufwand. Und danach bewertete er auch: Herr Düren wollte, dass wir unsere Klausuren so kurz wie möglich hielten. Zwei DIN-A4-Seiten waren in seinen Augen das angemessene Ergebnis einer dreistündigen Leistungskursklausur. Auf eine kurze Beschreibung des Inhalts und eine Einbettung der zu analysierenden Szene in den Kontext des Buches sollten wir – entgegen allen anders lautenden Vorgaben – vollkommen verzichten, da diese Teile einer Analyse laut Herrn Düren nicht funktional seien. Insgesamt bewertete er vollkommen anders als

Frau Korha, was dazu führte, dass ich, nachdem ich 11 Punkte in der ersten Klausur des Halbjahres geschrieben hatte, nun auf 7 Punkte abstürzte.

»Ich bin an dieser Schule der Leistungskurslehrer mit der meisten Erfahrung«, rechtfertigte Herr Düren seine Bewertung. Denn Beschwerden waren reichlich, nicht nur ich hatte ungewöhnlich schlecht abgeschnitten. Einige Unterrichtsstunden später sollte ich dann aber doch noch von Herrn Düren gelobt werden: »Wäre das der Klausurtext gewesen, hättest du eine wesentlich bessere Note bekommen«, sagte er, nachdem ich aus dem Stand eine Textpassage eines Gedichts analysiert hatte. »Das war perfekt. Mehr kann man dazu jetzt nicht sagen.«

Als ich am Ende des Halbjahres trotzdem nur 9 Punkte in Deutsch auf meinem Zeugnis sah, glaubte ich zuerst an ein Versehen. Frau Korha, die inzwischen zurück war, hatte mir doch versichert, dass meine Note trotz der etwas schlechteren zweiten Klausur im zweistelligen Bereich liegen würde.

»Wie kommt es denn jetzt plötzlich zu dieser Note?«, sprach ich Frau Korha verwundert an.

»Herr Düren hat dir mündlich nur 6 Punkte eingetragen«, erklärte sie. »Das hat mich selbst auch ein bisschen gewundert.«

Ich war außer mir vor Wut. Wieso lobte mich Herr Düren für meine mündliche Mitarbeit und stellte meine Klausur als Ausrutscher dar, wenn er mir im mündlichen Teil eine noch schlechtere Note gab als in der Klausur? Anna hatte trotz ihrer 2-Punkte-Klausur mindestens 10 Punkte im Mündlichen bekommen, war jedoch fast nie in seinem Unterricht anwesend gewesen. Und wenn sie da gewesen war, hatte sie nur dagesessen und Tagebuch geschrieben oder Musik über Kopfhörer gehört. Und nun hatte sie eine bessere mündliche Note als ich? Unnachvollziehbarer ging es nicht mehr.

Auch Klausuren fielen komplett unterschiedlich aus. In Hessen war es wenigstens so gewesen, dass die Benotung der schriftlichen Arbeiten einigermaßen einheitlich, gerecht und allem voran verständlich gewesen war. Auch wenn Schüler mündlich falsch eingeschätzt worden waren – weil sie beispielsweise geübt darin waren, ihre Unwissenheit zu verschleiern, oder die Lehrer immer nett im Unterricht anlächelten –, hatten sich ihre wahren Kenntnisse in den Klausuren herausstellt. Doch nicht so in Berlin: Hier wurden Klausuren genauso subjektiv bewertet wie die mündliche Leistung der Schüler.

In Geschichte behandelten wir in der 13. Klasse die Weimarer Republik. Fast keiner aus dem Geschichtskurs hatte irgendwelches Grundwissen, wodurch der Eindruck entstand, dass ich die Einzige war, die dieses Thema zuvor behandelt hatte. Dies hinderte jedoch nur wenige aus dem Kurs daran, mit ihrem Halbwissen zu glänzen. Herrn Michel störte die mindere Qualität der Unterrichtsbeiträge nur wenig und so bekamen einige der Dauerredner am Ende des Jahres eine 1 für ihre mündliche Mitarbeit. Herr Michel wunderte sich nicht, dass selbige in der Klausur eine 5 schrieben.

Es war in Berlin nichts Ungewöhnliches, dass man in der ersten Klausur 6 Punkte bekam und in der zweiten Klausur wiederum mit 15 Punkten bewertet wurde. Auch schwankten Zeugnisnoten in einem nicht unerheblichen Maß von Lehrer zu Lehrer und Laune zu Laune. So kam es, dass ich mich in Deutsch von 9 auf 13 Punkte von einem zum nächsten Halbjahr verbesserte, und in Kunst von 11 auf 6 Punkte verschlechterte. In Hessen mussten die Lehrer Schwankungen ab zwei Noten noch einmal extra begründen, in Berlin war dies anscheinend nicht der Fall und so konnten Lehrer Noten verteilen, wie sie wollten.

»Sie können doch nicht einfach nur in einer einzigen Stunde die mündliche Mitarbeit bewerten«, beschwerte sich Justus über Herrn Hubers Bewertungssystem. Herr Huber war ein hoffnungsloser Fall. Da konnte man so viel reden, wie man wollte, er verstand einen einfach nicht.

»Doch kann ich«, erwiderte er einfach nur vor sich hin grinsend.

Justus sprang auf. »Ich gehe jetzt zu Frau Sabbert und kläre das«, meinte er. Justus war ganz besonders wütend, weil er eine schlechte mündliche Note in Kunst erhalten hatte. Anstatt eine Note für die Mitarbeit über das ganze Halbjahr zu erteilen, hatte Herr Huber nur eine einzige Stunde bei seiner Notenvergabe berücksichtigt. Justus war in dieser einen Stunde müde gewesen und hatte sich, obwohl er sonst rege am Unterricht teilnahm, nicht so oft gemeldet und deshalb eine 4 bekommen.

»Sie müssen jede Stunde in ihre Bewertung einfließen lassen, hat Frau Sabbert gesagt«, erklärte Justus, als er nach einigen Minuten schnaufend wieder in den dritten Stock hochgerannt kam.

Doch was Frau Sabbert anordnete, interessierte Herrn Huber nicht und so verteilte er weiterhin seine vollkommen ungerechtfertigten Noten.

»Du hättest für deine Präsentation ruhig noch einen spannenden Anfang und ein spannendes Ende finden können«, meckerte Herr Brunn nach meinem Englischreferat.

»Das habe ich doch. Ich habe meinen ganzen Vortrag unter das Thema gestellt, wie Detroit von einem beliebten Industriestandort zur ärmsten Stadt der USA wurde. Und meine ganze Präsentation hat sich daran orientiert«, erwiderte ich.

»Du hast doch gesagt, dass der Gründer von Detroit Cadillac heißt, oder? Dann hättest du deine Präsentation doch mit einen Bild von dem Gründer beginnen können, neben dem du dann auch noch ein Bild von dem gleichnamigen Auto eingefügt hättest. Das wäre doch eine gute Idee für einen Anfang gewesen«, erklärte er.

»Nein, das wäre lächerlich. Wenn ich eine seriöse Fragestellung ausarbeite und als erstes ein Panorama von Detroit zeige, ist das doch wohl besser, als wenn ich ein Auto als Aufhänger für meinen Vortrag aussuche«, begründete ich meine Entscheidung.

Doch Herr Brunn war so angetan von seiner Idee, dass man ihn mit rationalen Argumenten nicht überzeugen konnte. »Außerdem hättest du die Grafik über die Bevölkerung in Detroit ein wenig größer in die Power-Point-Präsentation einfügen können«, kritisierte er.

Insgesamt bekam ich 11 Punkte für meinen Vortrag, an dem ich viele Stunden gesessen hatte und der bei Weitem besser war als die Referate einiger anderer, die wichtige Informationen wie die Einwohnerzahl ihrer jeweiligen Städte nicht mal erwähnten. Doch das alles störte Herrn Brunn nicht. Er kritisierte meinen Vortrag einfach auf einer ganz anderen Ebene und setzte vollkommen andere Maßstäbe an.

Doch ich hatte nicht immer Pech: In Biologie behandelten wir gerade das Thema Genetik. Das Ganze fand ich nicht wirklich interessant, es kam nicht gegen die Gespräche an, die ich während des Unterrichts mit Maike und Marius führte. Natürlich war mir bewusst, dass es hier um mein Abitur ging und dass es besser war, aufzupassen und mitzuarbeiten, als die Geschehnisse vom vorangegangenen Wochenende zu thematisieren. Doch Biologie war der einzige Kurs, den ich noch mit Maike zusammen hatte und so boten sich kaum andere Gelegenheiten, sich auszutauschen. Da mir meine Situation durchaus bewusst war, meldete ich mich freiwillig für ein Referat. Trotz der kurzen Zeit, die ich in die Vorbereitung meines Vortrages investiert hatte, war mein Lehrer Herr Lellwitz überaus begeistert.

»Ich hatte das selbst alles nicht mehr so genau in Erinnerung und nach deinen Erklärungen habe ich es sofort wieder verstanden«, meinte er nur mit strahlendem Gesicht und begründete so die 14 Punkte, die er mir gab.

Sehr gut, dachte ich, da hatte ich wenigstens etwas für meine Bionote getan – auch wenn es mir weiterhin davor graute, welchen Eindruck meine mündliche Mitarbeit hinterlassen hatte. Als Herr Lellwitz eines Tages die mündlichen Noten bekannt gab, traute ich mich noch nicht einmal, nach meiner zu fragen. Umso größer war meine Überraschung am Ende des Halbjahres. Ich hatte eine 3- in der Klausur geschrieben, was mich in keinster Weise verwundert hatte, denn viel hatte ich nicht gelernt.

»Wer jetzt noch seine Zeugnisnote erfahren will, der kann nach der Stunde nach vorn kommen«, verkündete Herr Lellwitz, als sich der Unterricht dem lang ersehnten Ende zuneigte. Mühsam kramte er sein Notenheft hervor, das er vor sich auf den Tisch legte.

Anfangs wusste ich nicht, ob ich mir die Weihnachtsferien tatsächlich mit der Gewissheit verderben wollte, eine schlechte Note in Biologie zu bekommen. Nach einigem Ringen mit mir selbst entschied ich mich, dass ich das wollte. Ich musste zumindest die Quittung für meine miserablen Leistungen in Empfang nehmen. Ändern konnte ich nun sowieso nichts mehr. Also lief ich langsam nach vorn, wo meine Mitschüler schon eifrig über ihre Noten diskutierten und ich Fatih nur empört zu Herrn Lellwitz sagen hörte: »Ich habe doch 4 Punkte geschrieben. Wieso bekomme ich denn jetzt 4 Punkte auf dem Zeugnis? Das kann ich beim besten Willen nicht verstehen. Ich hätte mehr erwartet.«

Fatih, die Dreistigkeit in Person, meldet sich mal wieder zu Wort, dachte ich mir nur. Fatih kam höchst unregelmäßig zum Unterricht, arbeitete fast nie mit und wenn er sich schließlich doch mal dazu durchringen konnte, sich zu melden, las er ganze Sätze aus den Lehrbüchern ab, wobei er stotterte. Außerdem kam er so gut wie immer zu spät. Und das nicht nur fünf Minuten. Nein, Fatih traf öfter erst eine Viertelstunde oder einmal sogar zwei Minuten vor Ende des Unterrichts ein. Nun sah er wohl seine Zulassung zum Abitur in Gefahr und versuchte mit Händen und Füßen, einer 4- in Biologie zu entgehen, da er auch in vielen anderen Fächern nicht besser stand.

»Du warst aber so oft nicht da. Und wenn, dann hast du auch nicht richtig mitgearbeitet«, begründete Herr Lellwitz die Note.

»Doch, ich war ja schon recht oft da und wenn ich gefehlt habe, dann hatte ich immer ein Attest«, behauptete Fatih.

»Das mag schon sein, aber es gibt ja auch diese Regelung, dass man sechs Wochen am Stück anwesend sein muss.« Herr Lellwitz kramte sein Kursheft aus der Tasche, in dem die Fehlzeiten vermerkt waren. Er fuhr bedächtig mit dem Finger bis zu Fatihs Namen hinab und zählte aufmerksam die Punkte, die für besuchte Unterrichtsstunden standen. Er kam auf sechs. »Da haben Sie ja noch einmal Glück gehabt. Sie haben jetzt die sechs Wochen gerade so geschafft.«

Dabei bedachte Herr Lellwitz jedoch nicht, dass wir zweimal pro Woche Biologie hatten und Fatih eigentlich deshalb in zwölf Stunden hintereinander hatte anwesend sein müssen, um überhaupt eine Note zu bekommen. Außer mir bemerkte das niemand und ich hatte andere Sorgen, als Fatih der Lüge zu überführen. In der Erwartung, eine schlechte Bewertung zu sehen, glitten meine Augen die lange Zeile hinter meinem Namen entlang. Dabei verrutschte ich immer wieder, sodass ich am Ende gar nicht mehr wusste, welche Note zu meinem Namen gehörte. War es wirklich die 2, die ich immer wieder am Ende der Zeile sah? Das konnte wohl kaum sein. Wahrscheinlich hatte ich mich bloß verguckt und bekam in Wirklichkeit die Note in der Zeile darunter. 6 Punkte waren zwar ein wenig enttäuschend, doch etwas Besseres hatte ich nun wirklich nicht verdient.

Während Maike noch mit Herrn Lellwitz über ihre Note verhandelte, ging ich wieder zurück zu meinem Platz und blätterte nun aufmerksam durch meine Klausur. »Schade, dass Sie Ihre gute mündliche Mitarbeit in der Klausur nicht bestätigen konnten«, stand da in roter Schrift unter meinen 7 Punkten. Gute mündliche Mitarbeit? Wie kam Herr Lellwitz denn auf so etwas? Langsam wurde ich stutzig und beschloss, einen zweiten Blick auf die Notentabelle zu werfen. Und dieses Mal sah ich es:

Ich bekam tatsächlich eine 2 auf dem Zeugnis. Alles, was man in Berlin brauchte, um eine gute Note zu bekommen, war also nicht etwa ein breitgefächertes und fundiertes Wissen oder Leistungsbereitschaft – nein, es kam darauf an, ob einen die Lehrer mochten.

»Das ist doch jetzt vollkommen schwachsinnig, sich so kurz vor dem Abi noch mit den Lehrern anzulegen«, empfahl mir Damad. »Die können einem doch jetzt sonst was für eine Note geben.«

Wie Damad erkannten viele meiner Mitschüler einfach an, dass die Lehrer über Glück und Unglück bestimmten, und zweifelten nicht an ungerechtfertigten Noten. »Da kann man eben nichts machen«, hörte man oft von resignierten Schülern. Niemand traute sich, sich gegen die Lehrer aufzulehnen. Schleimen war stattdessen an der Tagesordnung: »Ach, das finde ich ja so interessant, wenn Sie über die Fossilien reden«, meinte Natalia immer wieder im Biologieunterricht, nachdem sie mit ihrer mündlichen Note aus dem vergangenen Jahr unzufrieden gewesen war. Und tatsächlich war das die effektivste Methode, sich gute Noten zu verschaffen – noch effektiver als gute Leistungen zu zeigen.

Dass die Noten nicht immer ganz durchdacht waren, lag unter anderem auch daran, dass die Lehrer in Berlin ein Online-Gutachen ausfüllen mussten, das die Note dann automatisch errechnete. Das Problem: Auf diese Weise werden keine Punktzahlen für Antworten vergeben, stattdessen ergibt sich die Note aus schwammigen Einschätzungen der gesamten Arbeit. In Geschichte gibt es also nicht fünf Punkte dafür, dass man den Ablauf der Französischen Revolution schildern kann und weitere drei dafür, dass man die Gründe für Napoleons Aufstieg nur begrenzt darlegen kann. Nein, die Note ergibt sich daraus, ob die »erwarteten historischen Kenntnisse sehr schlüssig und umfangreich in die Darstellung einbezogen« werden. Auf Fakten beruht beruht das Gutachten also nicht, es spiegelt lediglich den Eindruck des Lehrers wider.

»In Berlin ist es nie gut, wenn man zu viel weiß«, sagte Herr Fenger mal zu mir. Genau dies war auch der Gedanke, der mir, seit ich in Berlin war, immer wieder durch den Kopf schoss.

Hier war es so gut wie unmöglich eine 1+ zu erlangen. Denn 15 Punkte bekam man nur bei »außerordentlichen Leistungen«, die äußerst weit über das Geforderte hinausgehen. Dabei wird diese Note in der Oberstufe offiziell schon dann vergeben, wenn man 95 Prozent der Leistung erbringt. Wenn man alle geforderten Antworten auf eine Frage in einer Klausur schrieb, dann nannte das der Lehrer jedoch nur »die Erwartungen sind voll erfüllt«. »Voll erfüllt« bedeutet eine 2 im Online-Gutachten. Dass man für eine 1-, also 13 Punkte, nur 86 Prozent der Anforderungen erfüllen muss, war einigen meiner Lehrer gar nicht klar.

»Ich war ja so überrascht, dass man mit 86 Prozent noch eine 1 bekommt«, erzählte uns einmal unser Biolehrer, nachdem er uns ein Dreivierteljahr unterrichtet und benotet hatte. Wir hatten uns schon gewundert, warum unsere Noten so schlecht ausgefallen waren und nun hatten wir die Antwort: Der Lehrer war einfach zu verplant, um Noten zu vergeben.

»Wie soll man denn mit einer 3+ in einem Fach, in dem man eigentlich sehr gut ist, an einer Universität angenommen werden?«, hatten wir ihn gefragt, nachdem er uns im ersten Halbjahr der 12. Klasse erklärt hatte, welch gute Note eine 3+ sei. »Die meisten NCs liegen weit unter 2,0«, hatte ich vergeblich versucht ihm näher zu bringen.

Die meisten Lehrer beschäftigten sich einfach nicht damit, was im Leben außerhalb der Schule als gut oder schlecht galt. Wie konnte man auch verlangen, dass sich eine Lehrkraft mit den Anforderungen von Universitäten und allgemeinen Bewertungsmaßstäben auseinandersetzte? Es war schon traurig, wenn Lehrer einfach nicht einsahen, welch großen Schaden sie mit Noten, die sie willkürlich vergaben, im Leben eines Schülers anrichten konnten.

*

Noten haben ihren Sinn verloren, wenn sie nicht gewissenhaft vergeben werden. Sie sollen einen Vergleich der Schüler ermöglichen, genau dazu sind sie da. Doch haben sich Noten quasi selbst überflüssig gemacht, sie sagen nichts mehr aus. Nicht umsonst führen Unternehmen seit einigen Jahren vermehrt Einstellungstests durch, um sich selbst ein Urteil über das Können von Bewerbern bilden zu können. Dass auf Schulnoten allein kein Verlass mehr ist, ist Personalern inzwischen auch klar.

Aber ist es nicht ein Armutszeugnis, wenn es Lehrern nicht gelingt, nach einheitlichen Kriterien zu bewerten? Wenn die Schule es nicht schafft, die gleichen Maßstäbe an alle Schüler anzusetzen? Wo bleiben da der Gerechtigkeitsgedanke und die Chancengleichheit, von der alle reden?

Was ich daraus gelernt habe:

Noten sagen kaum etwas über die tatsächliche Leistung aus. Sie sind vielmehr vom einzelnen Lehrer und dessen subjektiver Wahrnehmung abhängig.

Was ich Schülern rate:

Sprecht andere Schüler an, die bezeugen können, dass die Benotung unfair ist, und wendet euch dann gemeinsam an den Schulleiter oder das Schulamt.

Was sich ändern sollte:

Man sollte Subjektives wie das Schriftbild einer Klausur nicht mehr bewerten – es zählt, was lesbar ist!

10. Kapitel

VERANTWORTUNGSLOS AUS ÜBERZEUGUNG

Ich hasse die Schule,
weil Lehrer ihren Job
nicht ernst genug nehmen

Schon in Hessen hatte ich bei einigen Lehrern Unterricht, die sich bei ihrer Berufswahl offensichtlich mächtig vertan hatten – worunter wir Kinder leiden mussten. Einer von ihnen war unser Politik-und-Wirtschaft-Lehrer. Er fehlte ständig – angeblich, weil er krank war. So fiel ein Drittel des Unterrichts in der 7. Klasse aus. Seltsam war nur, dass er sich in der Ortschaft trotzdem politisch engagierte und mit seinem silbernen Luxuswagen zur Schule fuhr. Wo hatte dieser gebrechliche Mann nur die Kraft her, seine Karriere als Politiker voranzutreiben?

Sein ständiges Fehlen hatte zur Folge, dass er nach anderthalb Jahren, in denen er uns eigentlich zweimal die Woche hätte unterrichten müssen, unsere Namen immer noch nicht kannte. Dies kam ans Licht, als ich ihn um eine Erklärung für meine 3 in der mündlichen Mitarbeit bat. Er lieferte einige fadenscheinige Ausreden, versprach mir jedoch, mich in den nächsten Stunden genauer zu beobachten.

»Du hast heute aber sehr gut mitgearbeitet«, lobte er mich eine Woche später. »Du heißt doch Susanne, oder?«

Da war mir klar, warum meine Noten bis zu diesem Zeitpunkt so schlecht gewesen waren. Er hatte mich schlichtweg mit einer Schülerin verwechselt, die sich so gut wie nie am Unterricht beteiligte. Diese hatte dann im Gegenzug meine Noten bekommen.

Auch mit meiner Englischlehrerin gab es Probleme: Sie erschien immer wieder zu spät zu den Stunden und verspeiste, bevor sie ihren Unterricht begann, erst einmal ein Pausenbrot – uns Schülern war es sogar verboten, im Unterricht zu trinken. Während sie dann kauend vor der Klasse stand, blätterte sie das Englischbuch durch.

Sie war auf der Suche nach Aufgaben, die sie mit uns bearbeiten konnte. Auf die Vorbereitung ihrer Unterrichtsstunden verzichtete sie.

Und andere Lehrer der Schule griffen so gut wie jede Stunde auf die Gruppenarbeit zurück. Im Klartext bedeutete das: stundenlange Freizeit und kein Unterricht. So auch die Politik-und-Wirtschaft-Lehrerin, die ich in der 9. Klasse bekam. So gut wie jede Stunde begann damit, dass wir unsere Tische zusammenrückten, um uns dann wieder einmal das Wissen über ein politisches oder gesellschaftliches Thema durch Arbeitsblätter selbst anzueignen und den anderen Gruppen im Anschluss erklären zu können. Dies dauerte nicht nur viel länger als gewöhnlicher Unterricht – es war auch noch ineffektiv, da jeder nur einen Bruchteil der Informationen über ein bestimmtes Thema selbst erarbeitete oder dazu überhaupt Arbeitsmaterialien bekam.

Selbst unsere damalige Klassenleiterin Frau Doebel kümmerte sich nur wenig um unsere Belange. Sie hatte uns schon am ersten Schultag mit den Worten »Eigentlich wollte ich ja keine Klasse leiten« begrüßt und diese Einstellung merkte man ihr deutlich an.

Als die Beschwerden der Lehrer über das schlechte Benehmen unserer Klasse immer lauter wurden, tat die stark übergewichtige Frau Doebel überhaupt nichts außer dazusitzen und mit den Schultern zu zucken. Dasitzen und mit den Schultern zucken – das war die Antwort auf alle Fragen, die ihr gestellt wurden. Manchmal hörte man dabei sogar noch ein seufzendes Geräusch, ähnlich dem einer alten Lokomotive.

»Haben Sie die Arbeiten schon korrigiert?«, fragte Alena.

»Bof«, ächzte Frau Doebel.

Und ein andermal, als wir sie erneut nach den Ergebnissen der Arbeit fragten, meckerte sie: »Als hätte ich nichts anderes zu tun.«

Ja, in der Tat hatte Frau Doebel wohl sehr viel anderes zu tun, denn ihren Job der Klassenlehrerin erfüllte sie aus irgendeinem Grund nicht. So wurden bald Stimmen laut, die Frau Doebels

Absetzung forderten. Öfter kam es nun im Unterricht zu Gesprächen, in denen wir als Klasse ihr Verhalten – oder besser gesagt: ihre Untätigkeit – ansprechen wollten. Diese Diskussionen hatten jedoch nie Erfolg, da sie sich uneinsichtig zeigte.

»Sie haben uns schon am Anfang signalisiert, dass Sie mit uns gar nicht zusammenarbeiten wollen«, kritisierte Alena.

Frau Doebel zuckte wie immer mit den Schultern.

»Und obwohl Sie unsere Klassenlehrerin sind, kommen Sie weder mit auf Ausflüge noch auf Klassenfahrten«, fuhr Alena fort.

»Ich habe Rückenprobleme«, rechtfertigte sich die Lehrerin.

»Aber dann könnten Sie ja zumindest helfen, die Ausflüge zu planen«, sagte ein anderer Schüler.

Denn auch die Organisation sämtlicher Klassenfahrten und Elternabende schob Frau Doebel auf andere ab. Vor Elternsprechstunden sorgte sie noch nicht einmal dafür, dass die Schule am Abend geöffnet war, und so mussten die Elternvertreter, damals unter anderem meine Mutter, extra einige Tage vorher in die Schule kommen, um die Zeiten mit dem Hausmeister abzusprechen. Kurzum: Frau Doebel war als Klassenlehrerin nicht tragbar.

Eigentlich hätte man sie damals schon allein aus Prinzip im Amt belassen müssen – um sie zu ärgern und ihre Verweigerung so zu bestrafen. Doch mit ihrem Verhalten hatte sie schließlich Erfolg, als sich Herr Schwarz, unser Mathelehrer, bereit erklärte, unsere Klasse zu übernehmen.

Und das Trauerspiel setzte sich fort: Auch in Kreuzberg betrachteten viele Lehrer ihre Aufgaben als fakultativ.

Ich hatte Frau Pöpper bereits wiederholt gefragt, ob es möglich sei, zwei Halbjahre einzubringen, in denen ich in Sport dieselbe Disziplin ausgeübt hatte. Anfangs hatte niemand daran gezweifelt, dass dies ginge. Auch auf konkrete Nachfragen hin hatten stets alle Lehrer bestätigt, dass man beide Noten einbringen könne – im zweiten Jahr erhöhten sich schließlich die Anforderungen an die Leistung, die man für eine bestimmte Note erbringen musste. Nach dieser Information hatte ich meine Kurse zusammengestellt und zweimal Schwimmen belegt. Nun war ein Gerücht im Umlauf, dass ich nur noch das zweite Halbjahr des Schwimmkurses einbringen können würde.

»Ich weiß nicht, wie das geregelt ist«, antwortete mir Frau Pöpper auf meine Frage. Das war reichlich bedauerlich, wenn man bedachte, dass sie die Funktion der pädagogischen Koordinatorin an meiner Schule innehatte.

»Können Sie sich deswegen mal erkundigen?«, fragte ich.

Und sie stimmte zu.

Eine Woche später sprach ich sie erneut darauf an – doch wieder kam dabei nichts heraus: »Das geht aus dem Schulgesetz nicht eindeutig hervor«, war nun ihre Begründung für ihr andauerndes Unwissen.

»Das ist aber wichtig, dass ich das weiß. Ich mache schließlich in einigen Wochen das Abitur und würde jetzt schon gern wissen, welche Kurse ich einbringen kann«, erklärte ich ihr mein Problem erneut.

»Wir haben auch schon eine Nachfrage beim Senat gestellt«, meckerte mich Frau Pöpper an. Mein Bedürfnis nach Aufklärung konnte sie offensichtlich nicht verstehen.

Zwei weitere Wochen vergingen, bis ich erneut vor dem Lehrerzimmer stand und um eine Erklärung bat. Diesmal war Frau Pöpper recht kurz angebunden. »Da ist noch keine Antwort gekommen«, pflaumte sie mich an.

Also beschloss ich, mich ebenfalls beim Senat zu erkundigen. Am Nachmittag suchte ich die Nummer heraus und rief augenblicklich dort an. Die Beratungsstelle des Senats reagierte entsetzt auf Frau Pöppers Inkompetenz. »Normalerweise werden ja für diesen Posten immer Lehrer ausgesucht, die kompetent sind«, wunderte sich der Herr am Telefon. »Die soll Ihnen gefälligst morgen darauf eine Antwort geben. Sie muss schließlich die Schüler in Sachen Abitur beraten. Das ist ihr Job. Dafür wird sie bezahlt. Wenn sie Ihnen morgen keine Auskunft geben kann, reichen Sie doch bitte eine Beschwerde ein.«

Und, oh Wunder, nach meinem Telefonat mit dem Senat wusste auch Frau Pöpper am darauffolgenden Tag plötzlich eine Antwort: Es war nicht möglich, zwei Sportkurse der gleichen Art einzubringen. Meine Enttäuschung darüber fiel mittlerweile gering aus, zu lange hatte ich auf diese Information gewartet.

Einige Wochen später unterhielt ich mich mit meinem Mitschüler Yunus. »Ich werde nur zwei Halbjahre Kunst einbringen«, erzählte er mir.

»Aber das geht doch gar nicht«, bemerkte ich. »Du musst doch alle vier Semester eines künstlerischen Fachs einbringen.«

»Hä, wer erzählt denn so was?«, fragte Yunus irritiert.

»Frau Pöpper«, antwortete ich nur.

»Hey, Özlem!«, rief Yunus. »Man kann doch nur zwei Semester von Kunst oder Musik einbringen, oder?«

»Ja, ich denke schon«, antwortete Özlem.

Während unserer kleinen Diskussion lief Herr Reinken an uns vorbei.

»Herr Reinken, ich habe da mal eine Frage!«, sprach ich ihn an.

»Ja?«

Yunus, Özlem und ich gingen auf ihn zu. »Kann man nur zwei Halbjahre Kunst einbringen?«, fragte ich ihn.

»Ja, klar«, antwortete er mir in seinem gewohnt brummigen Ton.

»Weil Frau Pöpper etwas anderes behauptet«, erklärte ich. »Und wie ist das jetzt mit den Sportkursen? Kann ich da zwei der gleichen Art einbringen?« Inzwischen zweifelte ich an den Informationen, die mir Frau Pöpper gegeben hatte.

»Ja, da habe ich vor Kurzem nachgefragt. Es geht, dass du zwei gleiche Sportkurse einbringst«, antwortete er.

So viel also zu Frau Pöppers sachkundiger Auskunft. Des Weiteren erfuhr ich, dass es durchaus möglich war, auch einzelne Halbjahre eines Faches in den Abiturschnitt einrechnen zu lassen – auch wenn Frau Pöpper wie so oft das Gegenteil behauptet hatte.

So langsam bekam ich den Eindruck, dass es sich bei ihr um eine der inkompetentesten Lehrerinnen der Schule handelte, die sich leider auf einem Posten befand, der viel Verantwortung verlangte. Und schlimmer noch: Sie war auch noch uneinsichtig und verhielt sich stets so, als habe sie die Weisheit mit Löffeln gefressen.

Ein Beispiel: Bei einer Vorabbesprechung der Abiturprüfungen, die fälschlicherweise als Informationsveranstaltung deklariert worden war, mussten wir innerhalb von zehn Minuten entscheiden, über welche Halbjahre wir in der mündlichen Prüfung befragt werden wollten. Die gesamte Schülerschaft versetzte das in helle Aufruhr. Um uns zu beruhigen, erklärte uns Herr Reinken den Ablauf der Politik-und-Wirtschaft-Prüfung im Detail, da fuhr ihn Frau Pöpper vor der versammelten Schülerschaft an: »Das stimmt doch aber gar nicht. In der mündlichen PW-Prüfung muss ein freier Vortrag über ein Thema gehalten werden, das einem der Lehrer bei der Prüfung sagt«, erklärte sie. Das sollte sich im Nachhinein als völliger Quatsch herausstellen.

Und auch bei der Betreuung der Abiturprüfungen wurde nur wenig darauf geachtet, dass der jeweilige Betreuer auch wirklich kompetent genug war.

Das erste Mal war ich an einem Mittwoch nach der zweiten Stunde mit Frau Sandow verabredet, um über meine Präsentationsprüfung zu sprechen. Als sie nach zwanzig Minuten endlich erschien, fragte sie zuerst nach meinem Namen.

»Dich habe ich aber noch nie hier gesehen. Bist du neu?«, wollte sie wissen, als sie mich von oben bis unten gemustert hatte.

»Ich bin schon seit anderthalb Jahren an der Schule«, antwortete ich betont gelassen. Dabei dachte ich mir: Das kann ja was werden, nun betreut eine Lehrerin meine Präsentation, die mich noch nie zuvor gesehen hat. Und auch ich hatte sie in meiner ganzen Zeit an der Schule nur einmal gesehen – in weißen Kniestrümpfen und Ballerinas.

»Aus welchem Bezirk kommst du denn?«, hakte Frau Sandow nach.

»Jetzt wohne ich in Neukölln, aber ursprünglich komme ich aus Hessen.«

»Aha, alleine oder mit deinen Eltern?«

Für das gegenseitige Verständnis wäre es durchaus sinnvoll, Fragen in ganzen Sätzen zu formulieren, schoss es mir durch den Kopf, während wir durch das Schultor nach draußen liefen.

»Ich wohne hier alleine«, erwiderte ich.

»Kommst du dann auch immer zu spät?« Sie sah mich neugierig an und mir schnellte der Gedanke durch den Kopf, dass sie als schrullige Lehrkraft in einem Harry-Potter-Film sicher besser aufgehoben wäre als in einem Berliner Gymnasium.

»Wieso sollte ich denn zu spät kommen?«, fragte ich nach.

»Weil Schüler, die alleine wohnen, immer zu spät kommen«, erklärte sie.

»Nein, ich habe einen Wecker. Das heißt, ich komme eigentlich nicht so oft zu spät.«

»Hmm«, brummte sie nur, während sie sich eine Zigarette ansteckte. Wir liefen in Richtung des Cafés, in dem wir über die Gliederung meiner Präsentation sprechen wollten.

Als sie aufgeraucht und wir uns an einem Tisch am Fenster niedergelassen hatten, stieg ich in das Thema ein: »Also, meine Fragestellung wurde ja abgeändert und ich bin mit der Änderung nicht ganz einverstanden. Ursprünglich hatte ich mir als Thema ›Muslime in den USA – eine mediale Kontroverse mit derselben Brisanz wie in Deutschland‹ gedacht. Jetzt wurde das aber vom Fachbereichsleiter und der Schulleitung in ›Streit oder friedliche Besinnung: Das aktuelle Bild der Muslime in den Medien der USA und Deutschland‹ abgeändert. Was sagen Sie dazu?«

»Ich finde das erste Thema ehrlich gesagt auch besser. Eine friedliche Besinnung, was soll das denn sein? Ich frag mal in den nächsten Tagen beim Fachbereichsleiter nach. Es kann ja sein, dass es noch möglich ist, das Thema zu ändern«, versprach sie mir.

Zuversicht keimte in mir auf. Endlich mal jemand, der das genauso sah wie ich. Vielleicht war Frau Sandow ja doch nicht so schlimm wie der erste Eindruck, den sie bei mir hinterlassen hatte. Sie nippte an ihrem Cappuccino. »Wie bist du denn eigentlich auf dieses Thema gekommen?«

»Na ja, ich habe im Internet einen Artikel über die Moschee gelesen, die in der Nähe des Ground Zero gebaut werden soll und da habe ich mich gefragt, wie die Muslime eigentlich in die USA gekommen sind. Ich meine, das ist ja nicht wie in Deutschland vonstatten gegangen, hierher sind ja in den Sechziger- und Siebzigerjahren viele Gastarbeiter aus der Türkei gekommen«, erklärte ich.

»Hmm ja,« murmelte sie, »und wie ist es in den USA abgelaufen?«

Ich überlegte kurz, denn richtig mit dem Thema auseinandergesetzt hatte ich mich noch nicht. »Im Großen und Ganzen hat es in die USA drei Einwanderungsschübe von Muslimen gegeben. Der erste hat noch vor 1900 stattgefunden, der zweite war so um 1920 und der dritte nach 1950«, vermutete ich, denn meine Vorbereitung hatte bis dato darin bestanden, einen kleinen Onlineartikel zu überfliegen. Egal, sie hatte nicht die geringste Ahnung von dem Thema. Die Schwammigkeit meiner Ausführungen schien sie nicht zu irritieren. Im Gegenteil, sie lauschte mir interessiert. Ich hätte ihr vermutlich auch erzählen können, dass ein paar Muslime um 1245 per Ufo vom Mond gekommen und jetzt 90 Prozent der Amerikaner gläubige Moslems sind.

»Und woher kommen die meisten Muslime in den USA? Von den Philippinen?«, fragte sie mich nun.

Ich war verwundert. War die vorherrschende Konfession auf den Philippinen nicht die christliche? Und wie kam sie darauf, dass ausgerechnet so viele Einwanderer in den USA von den Philippinen stammen?

»Nein, die meisten sind Araber«, antwortete ich ihr.

»Nicht von den Philippinen?«

»Nein.« Ich nahm einen Schluck meines Kaffees und kramte die Gliederung der Präsentation hervor, um sie mit ihr durchzugehen.

»Gibt es in den USA denn auch so Araberghettos? Denn als ich dort war, da habe ich nur Chinesen- und Italienerghettos gesehen. Araberghettos habe ich nicht gesehen.«

Ich war verblüfft von der Unsachlichkeit dieser Frage. Wenn mich so etwas ein neugieriger Zehnjähriger gefragt hätte, okay. Aber meine Lehrerin? Wie sollte sie mir denn dabei helfen, mich auf die Prüfung vorzubereiten, wenn sie selbst völlig ahnungslos war?

Wir plauderten noch einige Zeit nett – über Sarrazin und wie sie unsere Schule und die Schüler fand. Dann war der Kaffee ausgetrunken und wir gingen. Sie mochte mich, glaube ich.

Da Frau Sandow nur recht wenig Unterricht gab, traf ich sie erst einige Wochen später wieder.

»Haben Sie Herrn Storch wegen meines Themas gefragt?«, erkundigte ich mich.

»Nein. Du?«, bekam ich als Antwort und das ließ mich etwas perplex zurück. Hatten wir nicht abgesprochen, dass sie sich als meine betreuende Lehrerin darum kümmern würde?

»Dann musst du eben vor der Präsentation noch einmal mit dem anderen prüfenden Lehrer sprechen und klarstellen, wie das Thema gemeint ist«, riet mir Herr Storch, den ich jetzt von mir aus angesprochen hatte.

Eigentlich war es schon ein Armutszeugnis für meine Lehrer, wenn die Fragestellung meines Vortrages zwar inhaltlich gleich blieb, jedoch so umformuliert wurde, dass sie nur noch aus einem schwammigen Blabla bestand, das ich erst einmal erklären musste. Denn wie in aller Welt sollte eine »friedliche Besinnung« in den Medien aussehen?

»Wenn du die Änderung vorher mit dem prüfenden Lehrer besprichst, wird sie sich nicht zu deinem Nachteil auswirken«, versprach Herr Storch.

»Und wann wird feststehen, wer mein Zweitprüfer ist?«, fragte ich.

»Das weiß ich noch nicht genau, da musst du wohl später noch mal nachfragen. Jetzt steht da auf jeden Fall noch nichts fest«, erklärte er mir.

Also wartete ich zwei Monate und als die letzten zwei Wochen der Schule angebrochen waren, sah ich die Zeit gekommen, mich noch einmal kundig zu machen.

»Das steht jetzt immer noch nicht fest«, erzählte mir Herr Storch erneut, als ich ihn nach seinem Unterricht ansprach. »Das wird bei dir aber ein Englischlehrer sein.«

Also wandte ich mich an meine Tutorin Frau Korha und auch sie hatte keine Neuigkeiten für mich. »Was ist denn das für ein bescheuertes Thema!?«, bemerkte sie stattdessen. »Wer hat das denn so formuliert?«

»Wahrscheinlich Herr Storch. Auf jeden Fall wurde mein ursprüngliches Thema, das klarer war, abgeändert«, fasste ich die bisherigen Ereignisse zusammen.

»Es wird aber erst eine Woche vor der Präsentation entschieden, wer der zweite prüfende Lehrer ist«, sagte sie mir.

»Und Herr Storch hat gemeint, du sollst den Zweitprüfer vor der Prüfung ansprechen? Man darf nämlich eine Woche vor dem Prüfungstermin nicht mehr mit den entsprechenden Lehrern über die Präsentation sprechen«, erklärte sie mir.

Na, prima!

Als die Prüfung immer näher kam, sprach ich Frau Sandow immer wieder darauf an, dass wir einen erneuten Termin vereinbaren müssten, um noch einmal über den Ablauf und den Inhalt der Präsentation zu sprechen – einen Termin, bei dem sie ihrer Pflicht als meine betreuende Lehrerin nachkommen sollte.

»Hallo, Frau Sandow! Schön, dass ich Sie mal antreffe. Wir müssen noch einmal einen Termin wegen meiner Präsentationsprüfung ausmachen«, forderte ich sie an diesem Tag erneut auf.

»So, müssen wir das? Wann denn?«

»Na ja, es wäre gut, wenn wir das jetzt in den nächsten Tagen machen könnten. Danach sind dann ja Ferien«, erklärte ich ihr.

»Ich könnte jetzt sofort«, schlug Frau Sandow vor, während sie die Treppe in den ersten Stock hinunterging und sich raschen Schrittes auf das Lehrerzimmer zubewegte.

»Jetzt habe ich meine Unterlagen aber nicht dabei und auch Sie haben sich doch gar nicht vorbereitet.«

»Hmm«, murmelte sie nur, öffnete die Tür zum Lehrerzimmer und versuchte, darin zu verschwinden.

Ich wollte mich jedoch nicht so einfach geschlagen geben. Mir war diese Besprechung wirklich wichtig. »Wann machen wir das denn? Haben Sie morgen Zeit?«, legte ich noch einmal nach.

»Morgen habe ich im Ersatzgebäude Unterricht«, erklärte sie mir.

Das Gebäude, von dem sie sprach, befand sich ein paar U-Bahn-Stationen entfernt. Einige Klassen hatten dort Unterricht, weil der Platz in der regulären Schule nicht ausreichte. Ich selbst war noch nie in diesem Gebäude gewesen.

»Und morgen Nachmittag?«, fragte ich.

»Da kann ich nicht. Da packe ich nämlich meine Sachen, weil ich dann für zwei Wochen nach Italien fahre«, erzählte sie mir stolz. So war das also: Kofferpacken war wichtiger als meine Abiturprüfung.

»Wann haben Sie denn morgen Schulschluss? Dann komme ich zu dem anderen Gebäude und dann können wir einfach direkt nach dem Unterricht noch ein wenig über meine Prüfung reden. Das wär doch gut, oder?«, schlug ich ihr vor.

»Okay, ich habe nach der fünften Stunde Schluss«, murmelte sie. Dann verschwand sie ohne ein weiteres Wort im Lehrerzimmer.

Am nächsten Tag verließ ich extra früher den Unterricht, um meinen Beratungstermin wahrnehmen zu können. Doch welch Wunder: Frau Sandow war nicht anzutreffen.

Und auch sonst mangelte es während meiner Schulzeit vielen Lehrern und manchmal selbst der Verwaltung an Durchblick und dem Willen, Schülern ernsthaft zu helfen:

»Können Sie mir bitte eine Liste vom Jahrgang 13 ausdrucken? Die brauchen wir für die Organisation des Abiballs«, bat ich die Sekretärin.

»Aber ich habe doch schon einige Namenslisten ausgedruckt«, beklagte sich Frau Dolge.

»Ja, aber es gibt eben relativ viel zu organisieren. Da müssen wir unterschiedliche Listen führen.«

»Okay, dann drucke ich die Liste aus und du kannst sie später abholen«, lenkte sie ein.

Ich war zufrieden. Mehr wollte ich ja gar nicht.

Doch anscheinend verlangte ich zu viel. Das zeigte sich, als ich am nächsten Tag zurückkam, um die Liste abzuholen.

»Hallo. Haben Sie die Jahrgangsliste ausgedruckt?«, fragte ich höflich und schaute mich im Sekretariat um, denn normalerweise lagen die ausgedruckten Formulare und Bescheinigungen immer auf dem Tresen.

»Nein«, antwortete Frau Dolge.

»Soll ich dann später noch einmal wiederkommen?«

»Nein, ich drucke dir keine Liste mehr aus. Wir sind hier doch nicht dazu da, Jahrgangslisten auszudrucken. Außerdem habt ihr ja schon einige bekommen. Die hättest du immerhin kopieren können«, meckerte sie. »Ah, da kommt auch gerade Herr Reinken. Das kannst du ja gleich mit ihm besprechen.« Sie deutete auf den Lehrer, der gerade zur Tür hereinkam.

»Frau Dolge sagt, dass ich keine Jahrgangsliste mehr bekomme«, wendete ich mich an ihn.

»Ja, ihr habt schon so viele bekommen, da hättet ihr mal früher darauf kommen können, die zu kopieren.«

»Haben wir nicht, nur zwei Stück. Und schließlich hat es sich erst später ergeben, dass wir mehrere Listen führen müssen. Das konnten wir am Anfang noch gar nicht absehen«, erklärte ich.

»Pech gehabt«, meinte Herr Reinken.

»Das ist doch jetzt echt nicht Ihr Ernst, dass Sie die Jahrgangsliste nicht noch mal ausdrucken wollen? Wir müssen ja komplett alles für den Abiball selbst organisieren und um alles andere, was mit unserem Abitur zu tun hat, müssen wir uns auch kümmern. Da können Sie uns ja wohl wenigstens eine Liste ausdrucken.« Langsam wurde ich sauer. Ich hatte bis dato nicht gedacht, dass eine Schule, die sonst nichts organisiert bekam, jetzt solch einen lächerlichen Aufstand wegen einer einfachen Jahrgangsliste machen würde.

»Ihr hättet sie ja vorher kopieren können.« Herr Reinken wiederholte sich, Frau Dolge grinste unterdessen selbstgefällig vor sich hin.

»Das ist doch hier echt nicht mehr normal«, sagte ich, drehte mich um und verließ den Raum. Ich hatte Mühe, die Tür des Sekretariats nicht hinter mir zuzuknallen.

An einem Donnerstagmorgen hetzte ich zur Schule und hoffte, zur ersten Stunde nicht zu spät zu kommen. Herr Brunn, mein Englischlehrer, sah es nämlich gar nicht gern, wenn jemand erst nach dem Klingeln auftauchte. Kurz warf ich einen Blick auf den Vertretungsplan, um zu sehen, welche Lehrer an diesem Tag fehlten, dann lief ich zum Klassenraum. Die Tür war jedoch verschlossen und mein Englischkurs nicht auffindbar. Wo waren die denn? Ich ging zurück zum Vertretungsplan, um einen genaueren Blick auf die ausfallenden Stunden zu werfen und siehe da: Hinter der Nummer meines Englischkurses stand tatsächlich, dass wir Aufgaben bearbeiten sollten, da der Unterricht nicht stattfand. Also ging ich zum Sekretariat, wo man sich diese Aufgaben normalerweise abholen konnte. Doch Frau Dolge wusste von nichts.

»Zwei Türen weiter ist das Zimmer von Herrn Reinken. Da kannst du ja mal nachfragen«, riet sie mir und Herr Reinken erklärte mir wenig später, dass mein Kurs »anscheinend« tatsächlich ausfiel, weil Herr Brunn »wahrscheinlich« das MSA betreute, den Test, den Zehntklässler bestehen müssen, um für die gymnasiale Oberstufe zugelassen zu werden. Über die Aufgaben konnte auch er mir nichts sagen.

Generell war der Vertretungsplan nicht die verlässlichste Informationsquelle. Oft wurde er erst am späten Vormittag aufgehängt. Manchmal so spät, dass der Schultag für einige Schüler schon beendet war, ehe sie vom Ausfall ihrer Stunden am nächsten Tag Bescheid wussten. In Hessen war es üblich, dass der Vertretungsplan für den nächsten Tag schon vor der ersten Schulstunde oder spätestens in der ersten großen Pause an das Schwarze Brett der Schule gepinnt wurde, sodass man immer rechtzeitig über eventuelle Ausfälle informiert war. An meiner Berliner Schule war das offensichtlich nicht möglich. So musste man sich immer wieder durchfragen und diejenigen Schüler anrufen, die am späten Nachmittag noch Unterricht hatten, um zu erfahren, ob man am nächsten Morgen ausschlafen können würde.

Dass Lehrer faul, unfair und schlecht sind, kann man nicht pauschal sagen. So muss selbst ich, die zugegebenermaßen recht oft Pech hatte, eingestehen, dass auch ich ab und zu einen Lehrer hatte, von welchem ich nur Positives berichten konnte. Ein gutes Beispiel dafür ist Herr Schumann, mein Klassenlehrer an meiner zweiten Grundschule. Mit ihm als Lehrer hatte ich wirklich Glück. Er verstand es, auf die unterschiedlichen Interessen der Kinder einzugehen, und machte es mir leicht, mich nach meinem Schulwechsel einzuleben. Am Freitag vor meinem ersten Schultag kündigte er mich bei meinen Mitschülern an, sodass ich am darauffolgenden Montag sofort nach Betreten des Schulhofes von meinen neuen Klassenkameraden umkreist und freundlich begrüßt wurde. Und bei der Mathearbeit, die noch am selben Tag anstand, ließ er mir die Wahl, ob ich mich beteiligen wollte.

»Du kannst dir aussuchen, ob du mitschreiben willst oder nicht«, schlug mir Herr Schumann vor.

Ich wollte mich an der Arbeit versuchen.

»Wenn du eine gute Note schreibst, lasse ich die für dein Zeugnis einrechnen. Wenn es nicht so gut läuft, dann muss die Arbeit auch nicht bewertet werden«, erklärte er.

Einige Tage später hatte er alle Arbeiten kontrolliert. »Ratet mal, wer die einzige 1 geschrieben hat?«, fragte er die Klasse.

Sofort wurde eifrig drauflos geraten und auf die bisherigen Klassenbesten getippt.

»Ihr liegt alle falsch«, meinte Herr Schumann schließlich. »Die einzige 1 hat Viviane.«

Ich freute mich natürlich riesig und von da an war mein guter Stand in der Klasse gesichert.

Als nach der 4. Klasse alle Kinder auf die weiterführenden Schulen kamen, fiel der Abschied von Herrn Schumann schwer. Es flossen Tränen. Herr Schumann hatte mehr für die Klasse getan, als nur seinen Unterricht durchzuziehen.

Auf meinem altsprachlichen Gymnasium in Hessen hatte ich vor allem Glück mit meinen Ethiklehrerinnen.

Vielleicht lag es daran, dass sie sich schon deshalb Mühe gaben, ihren Unterricht gerecht zu gestalten und angemessene Noten zu vergeben, weil das eben zu ihrem Fach gehörte.

Irgendwie war es während meiner gesamten Schullaufbahn so, dass ich ein Schulfach mochte, bis ich einen Lehrer bekam, der es mir verdarb. Und nach und nach gab es eigentlich kein Fach mehr, das mir außerordentlich viel Spaß bereitete. So hatte ich über Jahre hinweg völlig die Lust an Mathe verloren. Der neue Lehrer, den wir in der 13. Klasse bekamen, konnte daran zunächst auch nicht viel ändern. Im ersten Halbjahr verstand ich gar nichts von dem Unterrichtsstoff. Zugegebenermaßen strengte ich mich auch nicht an. In der Klausur schrieb ich 0 Punkte, was darauf zurückzuführen war, dass ich, anstatt die Aufgaben zu bearbeiten, eine kleine Kurzgeschichte verfasste.

Es war mir einfach total egal, ob ich eine schlechte Note in Mathe bekam. Was sollte ich auch tun, ich besaß ja nicht einmal ein Buch.

Am Ende des Halbjahres, in dem ich auf dem Zeugnis 5 Punkte bekam, die ich eigentlich ganz und gar nicht verdient hatte, kam Herr Mähler zu mir.

»Wenn Sie sich bemühen würden, könnten Sie Mathe doch. Was wollen Sie denn nach der Schule machen?«, fragte er mich.

»Jura studieren«, meinte ich.

»Da müssen Sie doch auch logisch denken können.«

»Das kann ich doch. Ich kann in Mathe nur ein paar Grundlagen wie Logarithmen und solche Sachen nicht.«

»Nächstes Halbjahr ist Stochastik das Thema, vielleicht ist das ja was für sie«, erklärte mir Herr Mähler.

»Ja, das ist auch so das einzige Thema, das mir liegt«, entgegnete ich.

Und es lag mir wirklich. In fast jeder Stunde rechnete ich irgendwelche Aufgaben an der Tafel vor und auch sonst arbeitete ich mit. Damit ich auch die Hausaufgaben erledigen konnte, kopierte ich mir das Thema aus Annas Schulbuch.

»Das ist aber nicht so optimal mit den ganzen Kopien«, sagte Herr Mähler irgendwann zu mir, als ich mich durch die ganzen losen Blätter kämpfen musste, um eine bestimmte Seite zu finden. »Wenn Sie es irgendwie hinkriegen, kaufen Sie sich doch ein richtiges Buch«, empfahl er mir.

Ich erzählte ihm, dass ich mein Geld komplett selbst verdienen musste. Also nahm er mich am Ende der Stunde beiseite und sagte, dass er mal nachschauen würde, ob er ein Buch für mich ausleihen könne. Bald darauf verfügte auch ich über ein Mathebuch.

»Mathe macht doch Spaß, wenn man es kann, oder?«, meinte Herr Mähler zu mir, als ich wieder einmal eine Aufgabe richtig gerechnet hatte.

»Ja, wenn man es kann«, antwortete ich und freute mich darüber, dass Herr Mähler es am Ende meiner Schulzeit doch noch geschafft hatte, mich für Mathe zu motivieren.

Aber kommen wir nach diesem kleinen Exkurs wieder zurück zu den schlechten Lehrern, die während meiner Schulzeit zahlenmäßig deutlich überlegen waren. Kaum ein Lehrer schien nämlich begriffen zu haben, wozu die Schule da ist: die Schüler fit für das weitere Leben zu machen. Stattdessen taten meine Lehrer, wozu sie Lust hatten. Das äußerte sich in der – nennen wir es mal – eigenwilligen Interpretation des Lehrplans, die wirklich nie zu einer Verbesserung der Situation führte. Auch die Bedeutung von Noten kannten meine Lehrer nur selten. Und wenn es um die Zukunft der Schüler ging, fand an meiner Schule in Kreuzberg überhaupt keine Beratung statt.

»Findet ihr, dass ihr hier gut beraten werdet?«, fragte Frau Korha einmal den Deutschleistungskurs.

»Nein«, antworteten alle wie aus der Pistole geschossen.

»Hmm, der letzte Jahrgang, der hier Abitur gemacht hat, hat sich auch beklagt«, erzählte sie.

Dies als Denkanstoß zu nehmen und zu versuchen, die Abiturjahrgänge bei ihren Zukunftsplanungen mehr zu unterstützen, kam anscheinend keinem einzigen Lehrer in den Sinn.

Ende der 12. Klasse fanden zwei Studientage statt, an denen wir vom Unterricht freigestellt waren und uns die Berliner Universitäten anschauen konnten. Dazu wurden in der Schule Prospekte ausgeteilt, die über die Veranstaltungen an diesen Tagen informieren sollten. Doch waren davon viel zu wenige vorhanden und auch lagen diese nur in einem Nebengebäude der Schule aus. Ich hatte so gut wie nie in diesem Gebäude Unterricht und bekam deswegen nichts von der Aktion mit. Deshalb ging ich zu Frau Pöpper, um sie zu fragen, ob sie noch ein paar Prospekte hätte, da eine Vielzahl von Schülern diese nicht bekommen hatte.

»Das kannst du dir auch aus dem Internet raussuchen«, antwortete sie nur pampig.

Doch wie ich feststellte, waren diese Informationen im Internet nicht zu finden. Und wie ich später hörte, hatte Frau Pöpper die Prospekte, die in ihrem Englischkurs übrig geblieben waren, die andere Kurse aber noch nicht erhalten hatten, achtlos in den Müll geschmissen.

Als endlich der letzte Schultag verstrichen war, breitete sich große Freude unter meinen Mitschülern aus, dass nun endlich diese jahrelange Tragödie ein Ende finden würde. Doch natürlich ließen es sich die Hauptakteure nicht nehmen, im letzten Akt noch einmal all ihr Unvermögen zu präsentieren: Die Abiturprüfungen standen an. Fünf Stück an der Zahl – drei schriftliche, eine mündliche und zu guter Letzt eine Präsentationsprüfung. Die Fächer, in denen ich geprüft werden wollte, hatte ich mit Bedacht gewählt: Deutsch, Politik und Wirtschaft,

Biologie, Kunst. Die Abiturprüfungen fanden gleich nach den Osterferien statt.

Die Zentralabiturprüfung in Deutsch war die erste, an einem Dienstag. Es herrschte große Aufregung. Würden die Aufgaben schwerer sein als die, die zuvor in den normalen Klausuren gestellt worden waren? Hatten wir überhaupt den richtigen Unterrichtsstoff behandelt, der zur Beantwortung der Fragen nötig war?

Bevor die Prüfung beginnen konnte, mussten erst einmal alle Tische im Kunstraum umgestellt werden.

»Die Schule ist wohl nicht so ganz aufs Abitur vorbereitet«, scherzten einige Schüler.

Und dann begann auch schon die Rede der Direktorin. »Das ist jetzt der Moment, auf den Sie 13 Jahre hingearbeitet haben«, erklärte sie uns in gewichtigem Tonfall.

Kurz darauf wurden die Aufgaben verteilt und die meisten stellten erleichtert fest, dass das Zentralabitur doch nicht so schwer war wie befürchtet.

Und auch am nächsten Tag während der PW-Prüfung ging alles gut. Beim Thema »Terrorismus und internationale Zusammenarbeit« konnte ich glänzen, obwohl ich mich für dieses Fach nicht annähernd so ausführlich vorbereitet hatte wie für Deutsch. Ich wunderte mich: Was war denn da los? Es konnte doch nicht sein, dass in einer Schule, in der sonst nichts klappte, ausgerechnet das Abitur nach Plan verlief. Wie sich in den nächsten drei Wochen herausstellte, sollte ich damit recht behalten.

»Was ist denn das?«, dachte ich, als ich den ersten Blick auf die Biologieklausur warf. Es war Montagmorgen und in der gesamten letzten Woche hatte ich mich auf diese Klausur vorbereitet. Genetik war das Thema des letzten Halbjahres gewesen und unser Lehrer hatte versprochen, dies abzufragen. Doch nun befasste sich die ganze erste Aufgabe, die 60 Prozent der Note ausmachte, mit einer Stoffwechselkrankheit. Ich konnte es einfach nicht fassen.

Herr Lellwitz hatte es noch nie fertiggebracht, eine Klausur nach den vorgegebenen Richtlinien zu gestalten. In einer Klausur hatte er uns nur die Wiedergabe von Auswendiggelerntem abverlangt – oder aber die gezielte Verwendung von Spickzetteln. Und die nächste Klausur hatte sich nur noch aus Anwendungsaufgaben zusammengesetzt.

Für die Abiturklausur hatte er nun bedauerlicherweise das falsche Thema gewählt. In den letzten Stunden vor der Prüfung hatte er noch betont, dass die Grundlagen der Genetik ein Schwerpunkt sein würden – nun konnte man mit diesen aber nur wenig anfangen.

Minutenlang saß ich ratlos und zugleich zutiefst verärgert vor der ersten Aufgabe. Die Wirkungsweise von Enzymen hatten wir nur oberflächlich in einer der letzten Stunden thematisiert und nun befasste sich ein Großteil der Abiturklausur damit? Hatte denn kein anderer Lehrer über die Aufgaben geschaut und festgestellt, dass sie das eigentliche Schwerpunktthema nur peripher tangierten? Anscheinend nicht. Also fing ich mit den Aufgaben an, bei welchen ich erahnen konnte, auf was der Lehrer hinaus wollte.

Nach und nach arbeitete ich mich durch die Prüfung und konnte schließlich jede Frage zumindest oberflächlich beantworten.

»Und hast du wieder so viel geschrieben?«, fragte mich Herr Lellwitz, als ich die Klausurblätter abgab.

»Ein bisschen. Wir hatten das Thema doch gar nicht richtig im Unterricht«, platzte es aus mir heraus.

»Doch, Derya hat doch einmal ein Referat über eine Stoffwechselkrankeit gehalten«, sagte er und verwies dabei auf einen Kurzvortrag, den Derya unaufgefordert in der letzten Stunde zum Besten gegeben hatte.

Und auch in den nächsten Prüfungen gaben sich die Lehrer keine allzu große Mühe, Bedingungen zu schaffen, die den Abiturmaßstäben ansatzweise genügten. Es wurde immer skurriler.

Ich weiß nicht mehr, wie oft ich meine Präsentation geprobt hatte. Bestimmt dreißigmal. Letztendlich konnte ich meinen gesamten Text mitsamt der Betonung und den Gesten auswendig. Die Punkte, die man in der Präsentationsprüfung noch ergattern konnte, waren mir sicher. Denn bei dieser Prüfung würde ich keinem Lehrer ausgeliefert sein, der plötzlich ein anderes Thema abfragte.

Nach meiner Deutschprüfung ging ich die Treppen herunter und traf dabei zufällig auf Frau Sandow.

»Oh Viviane«, rief sie flötend. »Hattest du heute deine erste Prüfung?«

»Ja. Schön, dass ich Sie antreffe. Ich habe jetzt meine Präsentation fast fertig und möchte die Details noch einmal mit Ihnen durchgehen«, erklärte ich.

»Was jetzt?«, fragte sie, während sie mich höchst erstaunt ansah.

»Na ja, das ist schließlich die letzte Möglichkeit, das zu machen.«

»Okay, ich gehe dann nur noch einmal kurz ins Lehrerzimmer«, brabbelte sie und schlurfte von dannen.

»Ich bin noch einmal ganz kurz im Sekretariat«, rief ich ihr hinterher.

Es verstrich etwas Zeit.

Im Sekretariat dauerte es etwas länger, da Frau Dolge beschlossen hatte, Feierabend zu machen.

Aus dem Augenwinkel sah ich nur, wie Frau Sandow am Sekretariat vorbeilief.

»Frau Sandow, ich brauche hier noch zwei Minuten, können Sie bitte so lange auf mich warten?«, sprach ich sie an.

Sie guckte verdutzt und zwei Minuten später, als ich das Sekretariat verließt, war sie weg. Ich nahm meine Schulbescheinigung und lief ihr nach.

»Hey Madeleine, hast du zufällig Frau Sandow gesehen?«, fragte ich eine Mitschülerin, die ich auf dem Schulhof traf.

»Ja, sie ist eben durchs Tor rausgelaufen«, meinte sie nur.

»Das kann doch echt nicht ihr Ernst sein«, empörte ich mich und verfolgte Frau Sandow. Es war doch nicht möglich, dass diese Lehrerin auf der Flucht vor mir war.

Vor dem Tor holte ich sie ein. »Wir wollten doch noch kurz über mein Thema reden«, rief ich ihr zu.

Frau Sandow schaute mich irritiert an und zu diesem Zeitpunkt wurde mir klar, dass diese Lehrerin nicht nur sehr inkompetent war, sondern zudem noch verwirrt. Dumm nur, dass sie meine Abiturprüfung bewerten sollte.

Meine Präsentation hielt ich an einem Dienstagmorgen. Als zweite Lehrerin, die meine Präsentation beurteilen sollte, war Frau Korha ausgesucht worden. Frau Korha war zugleich meine Tutorin und Deutschlehrerin und insgeheim war ich sehr glücklich, sie dabei zu haben. Zwar neigte sie dazu, sehr hohe fachliche Ansprüche an ihre Schüler zu stellen, jedoch verteilte sie die Noten verhältnismäßig gerecht. Ich leistete mir keine Patzer. Im anschließenden Gespräch wurde es jedoch abstrus:

»Kannst du erklären, warum vor allem Frauen in der Türkei angesprochen wurden, um als Gastarbeiterinnen nach Deutschland zu kommen?«, fragte mich Frau Sandow.

Während sie mich wahrhaft interessiert musterte, verdrehte Frau Korha nur die Augen. In meinem Kopf überschlug sich alles. Hatte ich irgendwo schon einmal etwas zu dieser Thematik gelesen? Nein! Wollte mir Frau Sandow womöglich eine Falle stellen? Nein, das war einfach nicht ihre Art! Also musste eine passende Erklärung her, denn verstehen würde sie es ohnehin nicht, wenn ich ihr mitten in meiner Prüfung erzählte, dass ihre

Behauptung der reinste Schwachsinn war. Wenn selbst in der heutigen Türkei die wenigsten Frauen berufstätig waren, war es ja wohl höchst unrealistisch, dass türkische Frauen Anfang der Sechziger ganz allein nach Deutschland gelassen wurden, um hier zu arbeiten und im Ruhrpott beim Kohleabbau zu helfen.

»Wenn man vorwiegend Frauen anwarb, konnte man sich sicher sein, dass diese dann später wieder in ihre Heimat zu ihren Familien zurückkehren. Und das wollte man ja schließlich erreichen. Außerdem brauchte man in Deutschland auch unter anderem Arbeitskräfte in der Textilindustrie, was ja eher eine ›Frauenarbeit‹ ist«, erklärte ich ihr gespielt sachkundig.

Und augenscheinlich überzeugte ich Frau Sandow mit dieser Antwort. Jedoch war noch Zeit für weitere Fragen.

»Dänemark hat ja jetzt auch wieder Kontrollen an den Grenzen eingeführt. Das hat ja auch was mit der Krise in Nordafrika zu tun. Kannst du dazu was sagen?«, forderte sie mich auf, wenngleich dies überhaupt nichts mit meinem Thema zu tun hatte.

Sie setzte wohl munter Einwanderer mit Muslimen gleich und schien allem Anschein nach zu vermuten, dass sich Flüchtlinge aus Libyen und Tunesien mit ihren kleinen klapprigen Booten übers Mittelmeer, den Atlantik und die Nordsee nach Dänemark absetzten. Dieses Land müsse sich deshalb nun mit Grenzkontrollen gegen den Flüchtlingsstrom schützen.

»Na ja, in der Diskussion über die Flüchtlinge und deren Unterbringung geht es ja vorwiegend um die italienische Insel Lampedusa und weniger um Dänemark«, versuchte ich, sie dezent hinzuweisen.

»Ja, aber wie denkst du, kann generell mit den ganzen Flüchtlingen und Gastarbeitern umgegangen werden?«

Ungenauer hätte man die Fragen kaum formulieren können und so war Frau Korha eigentlich die ganze Zeit damit beschäftigt, ungläubig den Kopf zu schütteln. Eingreifen konnte sie ja nicht, denn ihre Aufgabe war es, das Protokoll zu schreiben.

Nachdem ich noch einige weitere Fragen beantwortet hatte, war meine Prüfung auch schon vorbei und ich verließ den Klassenraum – mit einem mulmigen Gefühl im Bauch, denn viele meiner Antworten hatte ich zwar begründet, jedoch immer noch relativ weit hergeholt. Nun kam es darauf an, was Frau Sandow hatte hören wollen.

In der Woche darauf sollte meine letzte Prüfung, die mündliche Prüfung in Kunst, erfolgen. Und meine verkorkste Schulzeit mit einem letzten großen Knall beenden. Die gesamten mündlichen Prüfungen erstreckten sich über zwei Tage, an denen der Rest der Schule frei hatte. Die Prüfungskommission bestand aus dem Fachlehrer, einem weiteren Lehrer, der dasselbe Fach unterrichtete, und einem Lehrer, der alles protokollierte. Justus, ein Mitschüler war schon am Morgen geprüft worden, ich war erst am Nachmittag an der Reihe. Deshalb kontaktierte ich Justus über Facebook, um ihn über den Ablauf der Prüfung zu befragen.

»Ich musste zwei Abbildungen aus dem Barock untersuchen, die wir schon im Unterricht analysiert hatten. Voll der Trottel!«, schrieb er mir. »Und ich sollte Visualisierungsstrategien von einem Plakat von Klaus Staeck bestimmen. Das war total komisch. Aber das kommt bei dir bestimmt auch dran«, verriet er mir.

Dankbar für den Tipp sammelte ich noch einige Informationen zu diesem Grafiker und machte mich dann auf den Weg zur Schule.

Dort setzte ich mich an einen Tisch im Vorbereitungsraum und empfing meine Arbeitsmaterialien, die – vermutlich um einen professionellen Eindruck zu erwecken – in einen großen braunen Umschlag gesteckt worden waren. Mir fielen sofort drei Abbildungen auf: Bei zweien handelte es sich um Werbeanzeigen für Katzenfutter, die dritte war ein politisches Plakat, das tatsächlich von Klaus Staeck stammte. Ich überflog die drei

Aufgaben, zu deren Bearbeitung ich zwanzig Minuten Zeit hatte. Dabei bemerkte ich, dass sich die Aufgabenstellung nur auf die beiden Werbeanzeigen beschränkte. Noch einmal sah ich in den Umschlag und drehte sogar das Aufgabenblatt mehrere Male um, um sicherzugehen, dass sich keine Anweisungen auf der Rückseite befanden.

»Ich habe hier keine Aufgabe, die das politische Plakat thematisiert«, sprach ich den beaufsichtigenden Lehrer schließlich an.

»Hmm, dazu kann ich Ihnen auch nichts sagen«, murmelte er nur.

Nach zwanzig Minuten erschien Herr Albers, um mich in den Prüfungsraum zu führen. »Was sollte ich denn mit dem politischen Plakat machen?«, fragte ich ihn.

»Wie? Dazu gab es doch ein zweites Blatt mit der Aufgabenstellung«, erklärte er.

Ich wurde nervös. »Nein, da war kein anderes Blatt als das.« Ich deutete auf das erste Aufgabenblatt.

»Das ist sehr merkwürdig«, merkte er an, während er sämtliche Blätter, die mir zur Verfügung gestellt worden waren, noch einmal genau untersuchte. »Da fehlt ganz klar das andere Aufgabenblatt. Was machen wir denn jetzt?«, murmelte er und beantwortete sich die Frage augenblicklich selbst: »Ich gehe am besten zu Herrn Huber und frage nach. Ich bin gleich zurück.« Damit war er auch schon aus dem Raum verschwunden und ließ mich verdattert zurück.

Fragen über Fragen schnellten durch meinen Kopf. Was wurde jetzt aus meiner Prüfung? Wie konnte das bloß passiert sein? Da hatte sich Herr Huber mal wieder einen gewaltigen Fehler geleistet!

Nach einigen Minuten kam Herr Albers zurück und hielt mir ein zweites Aufgabenblatt unter die Nase. »Ich weiß auch nicht, wie ich das jetzt sagen soll: Das hat irgendwie am anderen Aufgabenblatt geklebt und war die ganze Zeit zwischen deinen

Unterlagen. Als ich Herrn Huber zeigen wollte, dass das Blatt fehlt, fiel es ganz plötzlich heraus. Ich kann mir das auch nicht erklären«, sagte er.

»Das war da ganz sicher nicht drin. Ich habe mehrere Male nachgesehen und sie selbst haben das Blatt ja auch noch gesucht«, antwortete ich.

»Doch, das war in dem Umschlag, den du bekommen hast«, widersprach er mir.

Das haben die mir doch untergeschoben, dachte ich. Ich wusste nicht, was ich tun sollte. Einerseits hatte ich das dringende Bedürfnis, loszuschreien und dann einen Anwalt einzuschalten, andererseits hatte ich mir ja genau dieses politische Plakat schon im Internet angesehen. Das letzte Mal, als ich mich mit Herrn Huber angelegt hatte, hatte ich 0 Punkte bekommen und das war nun schließlich meine Abiturprüfung, die über meinen Studienplatz und damit über meine Zukunft entscheiden würde. Ich fühlte mich schrecklich hilflos, da ich mich in einer Situation befand, in der ich nur verlieren konnte.

»Wir machen das am besten so, dass ich dir noch sechs Minuten Zeit gebe, in denen du die zweite Aufgabe bearbeiten kannst«, schlug Herr Albers vor. Ich willigte ein.

Als ich schließlich in der Prüfung saß, fiel es mir schwer, einen klaren Gedanken zu fassen, wenngleich ich eigentlich über alles Bescheid wusste und die Fragen der Lehrer beantworten konnte. Ich erklärte, wie man Werbeanzeigen am wirkungsvollsten gestaltete, analysierte die zwei Katzenfutterplakate und stellte die gesellschaftskritische Aussage des Plakats von Staeck heraus. Trotzdem hatte ich kein gutes Gefühl bei meinen Ausführungen und fühlte mich unsicher. Und verstärkt wurde das noch durch das laute Klingeln von Herrn Albers' Handy, während meiner Ausführungen.

Nach der zwanzig Minuten langen Prüfung musste ich den Raum verlassen, da sich die Lehrer nun über meine Note berieten. Wut kochte in mir hoch, während ich die Schule verließ. Ich hatte mich so gut vorbereitet und fachlich war mir nichts vorzuwerfen. Das Einzige, was einen reibungslosen Ablauf der Prüfung verhindert hatte, war wieder einmal die Inkompetenz der Schule gewesen.

*

»Auftrag der Schule ist es, alle wertvollen Anlagen der Schülerinnen und Schüler zur vollen Entfaltung zu bringen und ihnen ein Höchstmaß an Urteilskraft, gründliches Wissen und Können zu vermitteln«, so lautet der Paragraph 1 des Berliner Schulgesetzes.

Doch was passiert, wenn Lehrer mit schlechtem Beispiel vorangehen und statt mit moralischem Verhalten durch Verantwortungslosigkeit und Willkür auffallen? Wie soll man den Schülern beibringen, dass es nicht gut sein kann zu lügen oder zu manipulieren, wenn selbst Lehrer die Schüler anlügen oder ungerecht behandeln? Es ist doch die logische Konsequenz, dass dieses Verhalten auf die Schüler abfärbt und dass diese sich deshalb respektlos verhalten. Denn wie soll man jemanden respektieren, der sich immer wieder auf Regeln beruft, die er selbst nicht einhält?

Lehrer suchen die Schuld für ihr eigenes Versagen zu oft bei anderen: Zu große Klassen, eine zu hohe Arbeitsbelastung, keine engagierten Eltern und Verfehlungen der Schulbehörden sind nur einige ihrer Begründungen, weshalb es an den deutschen Schulen drunter und drüber geht. Doch niemand hat behauptet, dass es einfach sei, Lehrer zu sein!

Was ich daraus gelernt habe:

Man kann sich nicht darauf verlassen, dass Lehrern das Wohl ihrer Schüler wirklich am Herzen liegt!

Was ich Schülern rate:

Tut euch zusammen und protokolliert die Vorfälle, um dann gemeinsam etwas gegen unfähige Lehrer zu unternehmen!

Was sich ändern sollte:

Lehrer sollten in allen Bundesländern gleichermaßen kündbar sein, sodass sie bei groben Versäumnissen gefeuert werden können – wie jeder andere Arbeitnehmer auch!

NACHWORT

Was ich erwarte

Ich hoffe, dass dieses Buch einen wichtigen Beitrag in der Diskussion über Schulreformen und Lehrermangel leisten und die Aufmerksamkeit stärker auf die Belange der Schüler lenken kann. Denn Deutschlands Kinder und Jugendliche sind es, deren Zukunft auf der Kippe steht, wenn Lehrer, Beamte und Politiker nichts tun – oder zu viel des Guten.

Natürlich ist es wichtig, Lösungen zu finden, damit Erwachsene ihre Familie und ihren Beruf unter einen Hut bringen können. Doch darf die Schule deshalb noch lange nicht zu einer Aufbewahrungsstätte verkommen, in der aus kleinen Individuen eine homogene Masse gemacht wird – und dies allein aus Mangel an Geld und spezifischen Förderungsmöglichkeiten. Außerdem sollte man endlich den Bildungsföderalismus abschaffen, denn der ist in Zeiten der Globalisierung, in denen von Arbeitnehmern uneingeschränkte Mobilität verlangt wird, schlichtweg überholt. Und Lehrer dürfen sich nicht nur als Beaufsichtigungspersonal verstehen, sondern müssen sich dessen bewusst sein, dass sie zum erlesenen Kreis derer gehören, die Kinder auf ihr Erwachsenendasein vorbereiten.

Von der Kritik in diesem Buch sollten sich vor allem diejenigen angesprochen fühlen, die meinen, der ganze Ärger in der Schule betreffe sie nicht oder sei nicht ihr Verschulden. An euch Lehrer, die ihr euch nicht um eure Schüler kümmert, und euch Politiker, die ihr in jedem Wahlkampf aufs Neue mit Schulreformen werbt, appelliere ich: Schüler sind keine Versuchskaninchen! Sie verdienen es, dass man sich Gedanken über sie und ihre Chancen im Leben macht! Statt Willkür und Trägheit sind Idealismus und Einsatz von euch gefordert! Denn Deutschlands Schüler sind die nächste Generation – diejenigen, die auch eure Zukunft mitgestalten!

Viviane Cismak
Berlin im Juli 2011

DIE AUTORIN

Viviane Cismak wurde 1991 in Darmstadt geboren, wo sie bis zur elften Klasse ein altsprachliches Gymnasium besuchte. 2010 zog sie nach Berlin, um das Abitur an einer Kreuzberger Schule zu absolvieren und selbstständiger zu werden. In ihren 13 Schuljahren hat sie nach eigener Aussage vor allem eines gelernt: wie man sich durchboxt.

Viviane Cismak
SCHULFRUST
10 Dinge, die ich an der Schule hasse

ISBN 978-3-86265-065-1

Zweite Auflage, Januar 2012
Lektorat: Annika Kühn |

KATALOG

Wir senden Ihnen gern kostenlos unseren Katalog.
Schwarzkopf & Schwarzkopf Verlag GmbH
Kastanienallee 32, 10435 Berlin
Telefon: 030 – 44 33 63 00
Fax: 030 – 44 33 63 044

INTERNET | E-MAIL

www.schwarzkopf-schwarzkopf.de
info@schwarzkopf-schwarzkopf.de